Les Économistes atterrés

Jean-Marie Harribey,
Esther Jeffers, Jonathan Marie,
Dominique Plihon, Jean-François Ponsot

La monnaie

Un enjeu politique

Éditions du Seuil

COLLECTION DIRIGÉE PAR JACQUES GÉNÉREUX

ISBN 978-2-7578-7053-2

INTRODUCTION[1]

La monnaie, ce clair objet du désir

Est-il besoin d'un nouveau livre sur la monnaie ? Il n'en manque pas, et cela depuis des siècles ! A-t-on quelque chose de nouveau à apprendre que l'on ne sache déjà ? Ou bien la situation a-t-elle changé à ce point qu'il faille se repencher sur le sujet ? Nous voyons au moins trois raisons pour le faire, outre le fait que la complexité de celui-ci le justifierait à elle seule. La première raison est que le monde vit depuis presque une décennie une crise globale sans précédent[2]. La monnaie et les institutions bancaires et financières ont joué un rôle déterminant dans son déclenchement. Durant cette crise, les autorités monétaires et gouvernementales ont tout fait pour sauver les banques de la faillite, mais hésité ou tergiversé pour sauver l'économie, ont joué à contre-emploi (c'est le cas de le dire) ou bien trop tardivement. Cette crise également a révélé au grand jour le pouvoir financier exercé sur les sociétés.

1. Les auteurs remercient tous ceux qui ont participé à la discussion autour du projet de ce livre, notamment David Cayla, Nathalie Coutinet, Edwin Le Héron, Philippe Légé, Marc Lavoie et Henri Sterdyniak. Des remerciements tout particuliers à notre éditeur Jacques Généreux pour sa lecture précise.

2. Pour une synthèse récente, voir Attac, *Par ici la sortie. Cette crise qui n'en finit pas*, Les Liens qui libèrent, 2017.

La deuxième raison justifiant une nouvelle réflexion sur la monnaie est que celle-ci est l'occasion de s'interroger sur les transformations qu'a connues le capitalisme depuis environ quatre décennies. Menée tambour battant à la suite de la liberté accordée aux capitaux de circuler sans entraves, la « mondialisation », ou « globalisation », a été l'œuvre des plus grandes puissances industrielles et financières qui ont mis à profit leur liberté nouvelle pour révolutionner la répartition des outils productifs à travers le monde, en soumettant le travail, son organisation, ses conditions, les salaires, l'emploi et les droits sociaux à des exigences de rentabilité considérablement accrues. C'était là l'enjeu pour les classes dominantes : rétablir une rentabilité du capital compromise au tournant des années 1960-1970. Et c'est dans ce contexte appelé « néolibéral » que la monnaie, la politique monétaire, la privatisation de toutes les banques, l'indépendance des banques centrales vis-à-vis des États – mais non des marchés financiers – ont été les principaux rouages du processus ayant conduit, d'abord, à une soumission des sociétés à une finance aussi dictatoriale qu'anonyme, et, ensuite, à la crise éclatée en 2007.

La troisième raison qui nous pousse à proposer ce livre est que les transformations socio-économiques et la crise évoquées à l'instant ont suscité légitimement une foule d'interrogations sur la monnaie chez les citoyens de manière générale, et en particulier chez les militants engagés pour prendre en main leur destinée. Des interrogations manifestant une indignation face aux pratiques bancaires totalement déconnectées ou insouciantes des besoins de la société, et qui sont révélatrices de l'affaiblissement de la démocratie, pourtant présentée par les tenants de l'ordre néolibéral comme synonyme de la loi du marché. Ces interrogations naissent aussi parce qu'il semble qu'existe une sorte de mystère autour de la monnaie, et notamment autour de ce que l'on nomme la « création de monnaie ». En termes simples, « d'où vient la monnaie ? » est la première de ces interrogations. Et le fait qu'elle paraisse sortir du néant (*ex nihilo* disent à la fois les spécialistes et les adeptes d'une théorie du complot) rajoute au mystère apparent. Il est donc assez compréhensible que les citoyens curieux de l'économie et de la chose publique soient avides de connaître les rouages monétaires pour mieux dessiner ensuite des pistes de réflexion et d'action alternatives au capitalisme financier, fauteur de désastre social et de débâcle économique. Ce questionnement est d'autant plus légitime que, même après la démonstration de leur incurie apportée par la crise, les économistes qui dominent la recherche et l'enseignement universitaires, les revues dites scientifiques et les médias, et qui peuplent les ministères et les institutions internationales, n'ont pratiquement pas amendé leurs dogmes. La crise a glissé sur eux comme l'eau sur les plumes d'un canard.

L'objectif de ce livre est donc double : apporter un éclairage le plus scientifique possible sur la monnaie, mettant au grand jour les principales questions et controverses à son sujet ; et donner aux citoyens des outils de compréhension abordables, car délestés du fatras idéologique et médiatique dominant. Le livre est construit autour de six chapitres, allant des considérations les plus générales à celles se rapportant aux techniques de gestion et de régulation de la monnaie, tant dans un cadre national qu'international.

Le premier chapitre s'interroge sur la nature de la monnaie. Il répond en disant qu'avant d'être un outil économique pour échanger, mesurer la valeur des choses échangées et conserver de la valeur dans le temps, la monnaie est une institution sociale que l'on retrouve sous des formes différentes dans toutes les sociétés, aussi loin que l'on remonte dans les temps historiques. L'hypothèse dans laquelle se place ce livre est donc que, quels que soient les supports que la monnaie ait connus au cours de son évolution (monnaie marchandise, monnaie métallique, monnaie de papier et, aujourd'hui, monnaie scripturale), elle remplit des fonctions sociales de lien, de communication, de signe d'appartenance à une société, en même temps qu'elle est aussi la marque des distinctions, des inégalités et des rapports de pouvoir. Aussi ancienne que les sociétés et étant toujours la contrepartie d'une dette, la monnaie revêt toutefois un visage spécifique dans les sociétés capitalistes modernes qui sont des « économies monétaires de production ». La définition de celles-ci nous montrera que la monnaie devient alors un instrument nécessaire à l'accumulation du capital. Nous examinerons aussi l'enjeu des monnaies locales complémentaires. En revanche, dans certaines expériences prétendument alternatives comme celle du bitcoin, monnaie numérique virtuelle sans ancrage politique, le caractère social de la monnaie est ignoré ou même délibérément dénié, ce qui enlève toute capacité à ce type d'instruments d'être une vraie monnaie, au sens où le chapitre premier le définit.

Le deuxième chapitre a pour objet la création de monnaie. Le mystère est alors levé. Le système bancaire dans son ensemble crée de la monnaie lorsqu'il accorde des crédits nouveaux à l'économie si les agents non financiers (ménages, entreprises, État) en demandent. Ces opérations de crédit sont réalisées par les banques ordinaires qui sont cependant contraintes de devoir se « refinancer » en monnaie issue de la banque centrale. La création monétaire est donc dévoilée simplement, mais la financiarisation accélérée de l'économie depuis quarante ans a entraîné la multiplication d'actifs financiers, facilement transformables en liquidités, rendant très poreuses les frontières entre, d'une part, les billets et les dépôts à vue, donc la liquidité au sens strict et, d'autre part, l'ensemble des actifs financiers émis par les banques et par toutes les institutions financières non bancaires (assurances, fonds de pension, fonds spéculatifs…).

Le troisième chapitre explique pourquoi la monnaie et son extension sont indispensables à l'accumulation capitaliste, mais aussi à toute économie qui voudrait continuer à se développer. Lorsque la monnaie est transformée en capital pour acheter de la force de travail, l'exploitation de cette dernière permet à ses propriétaires d'accumuler toujours plus de capital. Mais la suraccumulation et la surproduction reviennent périodiquement, tandis que trop de crédit engendre bulles et spéculation. Ce chapitre est l'occasion de présenter et de confronter les grandes théories monétaires au regard des contradictions du capitalisme, comme le chômage, l'inflation ou la déflation. On verra que les grands théoriciens du capitalisme comme Marx, Keynes ou Polanyi restent d'une grande pertinence pour comprendre les soubresauts de l'économie mondiale actuelle et décrypter le discours économique néolibéral qui ne voit dans l'économie qu'un ordre naturel des choses, sur lequel l'action politique n'a pas et ne doit avoir de prise. Or, la monnaie n'est pas neutre pour l'activité productive et donc la politique monétaire ne doit pas être neutralisée.

Dans le quatrième chapitre, il s'agira d'étudier comment la régulation monétaire peut être un outil de politique économique. En premier lieu, la fonction d'une banque centrale sera explicitée : émettrice de la monnaie « centrale », banque des banques et prêteur en dernier ressort quand elle « refinance » celles-ci, historiquement banque de l'État, et gardienne du taux de change de la monnaie. Mais comment peut-elle soutenir l'activité économique avec son taux d'intérêt directeur ? Et quel est l'enjeu d'orienter la politique monétaire vers cet objectif plutôt que vers la stabilité des prix ? Toutes les banques centrales dans le monde ne répondent pas toujours de la même façon à ces questions. En particulier, la Banque centrale européenne s'est longtemps obstinée à n'agir que pour lutter contre l'inflation. Et il a fallu l'irruption de la crise pour que la plupart des grandes banques centrales s'engagent pour sauver les banques en difficulté, puis injecter de grandes quantités de monnaie sur le marché interbancaire, dans l'espoir que les banques facilitent la relance de l'activité, mais en vain pour l'instant.

Le cinquième chapitre s'enchaîne avec le précédent en abordant la question de la régulation des banques ordinaires. La crise a montré les graves inconvénients d'un système de banques à vocation universelle, mélangeant les fonctions traditionnelles d'octroi de crédits et de recueil de dépôts avec des activités de placements financiers, souvent de type spéculatif. La financiarisation a perverti les pratiques des banques, au point qu'elles sont très largement responsables de la faillite du système. C'est la raison pour laquelle s'imposent des régulations dites prudentielles. Malheureusement, les réformes engagées, notamment à l'instigation du Comité de Bâle, ne sont pas du tout à la hauteur des enjeux. Parallèlement, aucun gouvernement n'a entrepris de véritable séparation entre banques de dépôts et banques d'affaires, et tous ont encouragé ces dernières années la désintermédiation, c'est-à-dire le recours direct aux marchés financiers pour financer l'économie. Et l'Union bancaire mise en place récemment par l'Union économique et monétaire européenne s'inscrit plutôt dans une stratégie de renforcement de l'Union européenne d'orientation néolibérale que dans une direction où le secteur bancaire serait socialement contrôlé.

Le sixième chapitre porte sur la(les) monnaie(s) internationale(s). La monnaie joue-t-elle un rôle particulier à l'échelle internationale ? Qu'est-ce qu'un système monétaire international ? Comment et pourquoi est-on passé d'un système de changes fixes après la Seconde Guerre mondiale à un système de changes flexibles à l'époque du néolibéralisme ? La suprématie du dollar sera-t-elle durable ou s'achemine-t-on vers une guerre des monnaies avec l'émergence de nouveaux grands pays ? Pourquoi est-il impossible de concilier une autonomie nationale de la politique monétaire dans un cadre de liberté totale de circuler pour les capitaux et de changes flexibles ? Ce chapitre examinera aussi plusieurs expériences d'intégration monétaire régionale, notamment : l'euro, au bord de l'échec ; le SUCRE (*Sistema Unitario de Compensación Regional de Pagos*) en Amérique latine, un projet aujourd'hui à l'arrêt. La recherche d'une nouvelle gouvernance monétaire mondiale n'a pour l'instant pas abouti : le projet d'une monnaie supranationale, du type du bancor de Keynes, reste imprécis, et l'utilisation des droits de tirage spéciaux au FMI est marginale.

Les auteurs de ce livre proposent un outil d'analyse scientifique afin de faciliter l'appropriation citoyenne du débat sur la monnaie et de son utilisation. Dans cette perspective, un croisement de toutes les sciences sociales est indispensable, à rebours de la prétention de la mal nommée « science économique » à en rendre compte seule. C'est à cette condition que la double face de la monnaie apparaîtra : à la fois bien au service de l'accumulation privée et bien public permettant la mise en commun de larges pans de la richesse sociale. C'est aussi à la condition de marier les regards économiques, sociologiques et anthropologiques que l'on comprendra qu'à travers la monnaie peuvent s'exprimer et aussi se canaliser les tensions sociales, les conflits de classes, les intérêts donc, mais aussi les passions, les aspirations, les désirs ou les fantasmes nés de la vie en société. Qu'est-ce qui peut contenir (dans les deux sens de ce verbe) tout cela, sinon un approfondissement de la démocratie ?

CHAPITRE 1

La nature de la monnaie

La question « qu'est-ce que la monnaie ? » pourrait sembler naïve, et sa réponse simple, voire triviale, tellement cet objet est d'un usage courant, utilisé par tout le monde. En réalité, il s'agit d'un objet mal identifié, en tout cas chez les économistes. Autant d'économistes, autant de définitions de la monnaie, autant de préceptes différents à suivre. Elle est donc un sujet de controverses, d'oppositions radicales et de ruptures, tant en termes théoriques que politiques. Pour démêler cet écheveau, il faut sans doute sortir du domaine étroit de la théorie économique pour s'aventurer sur des terrains historiques, sociologiques et même philosophiques. Autrement dit, l'apport de toutes les sciences sociales est nécessaire pour en comprendre la nature profonde, qui ne se réduit pas aux fonctions économiques qu'elle remplit, loin s'en faut.

Aujourd'hui, l'essentiel de la monnaie est une monnaie de crédit. Mais il n'en fut pas toujours ainsi. Pour en saisir la nature, nous franchirons deux étapes. D'abord, l'anthropologie et l'histoire monétaire nous apprennent que des formes de monnaie sont sans doute aussi anciennes que les sociétés humaines après la révolution néolithique, apparues donc avant que ne se développent les économies modernes d'échanges marchands, et donc *a fortiori* bien avant le capitalisme. Ce constat permet de mettre en évidence ses fonctions sociales et son utilisation dans un tout autre sens que ne le disent beaucoup de livres d'économie. Bien plus encore, la monnaie se révèle être en elle-même un lien social à part entière. Ensuite, nous découvrirons que, bien qu'elle soit apparue antérieurement aux sociétés capitalistes modernes, elle est une institution *sine qua non* de celles-ci. Il s'agira alors de dire ce qu'est une «économie monétaire de production», dans laquelle l'accroissement de la quantité de monnaie, via le crédit, est indispensable pour impulser l'investissement qui, lui-même, est générateur de production et de revenus supplémentaires. Au terme de ce premier parcours, se confirmera l'intuition de Marcel Mauss, anthropologue de la première moitié du XXe siècle, qui qualifiait la monnaie de «fait social total», aux dimensions culturelles, sociologiques, économiques et politiques indissolublement mêlées.

1. LA MONNAIE AU CŒUR DES ÉCHANGES SOCIAUX, PUIS MARCHANDS

Commençons par éliminer une histoire fausse, qui fut racontée dans de nombreux manuels d'économie, au point de devenir un véritable mythe, mais qui est aujourd'hui démentie par toutes les études anthropologiques menées au cours du XXe siècle. Cette histoire, c'est la fable du troc [1] : ce mode d'échange qui, devenant trop incommode au fur et à mesure que les échanges économiques bilatéraux se développaient, aurait laissé la place à la monnaie. Si le troc était, paraît-il, incommode, l'histoire était, elle, en revanche très commode, parce qu'elle introduisait trois fonctions

1. Jean-Michel Servet, «Le troc primitif, un mythe fondateur d'une approche économiste de la monnaie», *Revue numismatique*, 6e série, t. 157, 2001, p. 15-32.

économiques faciles à comprendre et que la plupart des économistes reprenaient invariablement : la monnaie est un instrument de mesure, un instrument d'échange et un instrument de réserve de valeur. Ces fonctions économiques ne doivent pas être confondues avec les supports de la monnaie : ces supports ont évolué au cours de l'histoire (une marchandise parmi d'autres, les métaux précieux, le papier, l'écriture), tout en assurant la permanence des fonctions. Cependant, celles-ci ne disent ni ce que la monnaie mesure, ni de quels échanges il s'agit, ni ce qu'est et d'où vient la valeur économique. Parce qu'elle est un *équivalent général* dans lequel s'exprime la valeur de tous les biens et services, la monnaie doit être comprise comme s'inscrivant dans un environnement social : en particulier, c'est par son intermédiaire que les échanges permettent de valider le travail qui a été effectué pour produire les marchandises. Sinon, elle ne peut apparaître que comme un instrument technique, qui n'aurait aucune influence sur la société : pire, elle serait neutre. Et nous verrons en quoi cette prétendue neutralité de la monnaie constitue une pomme de discorde politique.

Mais si la monnaie n'est pas le successeur du troc, qu'est-elle ? Une alternative se dessine : soit on considère que le marché sur lequel se déroulent des échanges entre individus est le modèle général naturel des comportements humains, soit on considère que les individus sont avant tout des êtres sociaux et qu'ils ont d'abord des relations conçues sur le mode de la réciprocité, des relations qui sont des « dettes » contractées les uns vis-à-vis des autres.

1. La monnaie est une dette

Les études anthropologiques ont véritablement démarré au XIXe siècle. Concomitantes du colonialisme triomphant exportant partout le modèle capitaliste occidental, elles ont néanmoins contribué à porter un regard critique sur ce modèle imposé à des sociétés brutalement conquises. En de nombreux endroits, on y découvrait des formes d'échanges différentes de celles qu'apportait le colonisateur : des échanges dans lesquels intervenait parfois une monnaie, mais dont la caractéristique n'était pas d'accompagner le passage de biens d'une main à l'autre, censés être équivalents en valeur.

Dans son *Essai sur le don*[1], Marcel Mauss a donné un exemple célèbre de ce type d'échanges : le potlatch. Au sein de tribus amérindiennes, le potlatch désignait une sorte de défi ostentatoire : qui montrerait les attributs de richesse les plus importants ? Le chef exposait les siens aux yeux de tous, et tout invité devait en faire davantage, sous peine de déchoir. Ainsi, les cadeaux offerts par le second devaient être supérieurs, en quantité et qualité, à ceux du premier. Le défi allait même plus loin puisqu'il pouvait se terminer par la destruction des biens étalés. Derrière le potlatch, ce n'était pas la concurrence économique qui était en jeu, c'étaient la prestance, le prestige, le pouvoir. Cette compétition était créatrice de dette symbolique, que Mauss analysait comme une succession de dons et de contre-dons sous la forme d'un triptyque : donner-recevoir-rendre[2].

1. Marcel Mauss, « Essai sur le don. Forme et raison de l'échange dans les sociétés archaïques », 1923-1924, dans *Sociologie et Anthropologie*, 4e éd., PUF, « Quadrige », 1991.

2. À travers ces dons s'échangeaient, non des biens et des services utiles, mais des relations qui établissaient une hiérarchie sociale. Celui qui donne crée une obligation chez celui qui reçoit. Cette dette représente ainsi un lien social et une manière d'affirmer une relation tant que la dette n'est pas payée. Mauss estimait aussi que ce principe anthropologique n'a pas été abandonné dans les sociétés modernes. Aujourd'hui comme hier, donner élève, recevoir rabaisse : l'invitation doit être rendue, le cadeau crée une obligation et la mendicité représente une épreuve humiliante. Cependant, la thèse du don a été contestée, notamment par

Plus généralement, les échanges cérémoniels, et même les sacrifices, sont l'occasion d'honorer la « dette de vie ». L'être humain est « endetté » auprès de la Nature (avec un grand N) ou auprès d'un dieu : il *leur doit* la vie et *se doit* de s'acquitter. Le terme « dette » renvoie ici à une obligation morale. Aujourd'hui, nous dirions que nous avons une dette à l'égard de la société qui nous a élevés, cultivés, socialisés en somme. Mais le terme « dette » désigne aussi l'obligation de rendre un bien ou un service sous peine de subir une violence considérée comme légitime. De telles dettes, exigibles, existaient déjà dans des sociétés très anciennes. Elles ont pu prendre différentes formes. Aux sacrifices humains succèdent ceux des animaux, et, plus tard, les offrandes en monnaie sont l'expression apaisée du paiement de cette dette de vie. Mais celle-ci ne s'éteignant jamais, il convient de renouveler son paiement indéfiniment, parce qu'il signifie le renouvellement perpétuel de l'alliance entre les individus et les groupes. À cet égard, François Simiand avait montré que les colliers de coquillages étaient utilisés chez les Indiens d'Amérique comme monnaie pour commémorer des événements importants comme l'établissement de traités avec des tribus étrangères[1].

---

l'anthropologue Alain Testart (*Critique du don. Études sur la circulation non marchande*, Syllepse, 2007) qui reproche à Mauss de ne pas avoir précisé que le don n'ouvrait pas de droit exigible. Dans l'ouvrage qu'il a dirigé, *Aux origines de la monnaie* (Errance, 2001), Testart distingue la monnaie comme moyen de paiement et moyen d'échange, le paiement pouvant être séparé d'un échange, comme c'était le cas dans les sociétés primitives (« Moyen d'échange/moyen de paiement, Des monnaies en général et plus particulièrement des primitives »). Aujourd'hui encore, selon lui, le paiement de l'impôt n'est pas un échange ; or on peut considérer que, en contrepartie de l'impôt, le contribuable a le droit d'exiger que l'on inscrive son enfant à l'école publique.

1. François Simiand, « La monnaie comme réalité sociale », dans *Critique sociologique de l'économie*, 1934, PUF, 2006.

Il s'ensuit que, hier comme aujourd'hui, le renouvellement du paiement de la dette signifie la perpétuation de la société, entendue non dans un sens biologique, mais dans le sens des relations sociales: «La monnaie qui circule dans la chaîne des paiements est ce qui permet que les dettes soient honorées et donc relancées dans un cycle qui constitue le cœur de la reproduction sociale[1].» Cependant, les biens qui servent de monnaie pour honorer la «dette de vie» dans les sociétés anciennes ne servent qu'à cela et non pas à échanger et payer les biens ordinaires. Dans les sociétés modernes, la monnaie est devenue universelle, dans le sens où sa dimension économique est inscrite dans le fait qu'elle est une institution sociale. De nos jours, la transmission d'engagements d'une génération à l'autre peut être considérée par analogie comme une forme de «dette de vie». C'est justement parce que ces engagements expriment la volonté collective de la reproduction de la vie sociale à travers le temps, qu'ils sont stigmatisés par les tenants de l'ordre néolibéral dans leur dénonciation des dettes publiques. Pour reprendre les termes de Simiand, la monnaie «est l'anticipation d'une valeur qui n'existe pas encore[2]»: elle «établit un pont avec le futur proche ou lointain puisqu'elle permet des transferts de valeur entre générations. Elle assure de ce fait un lien avec la mort, comme le rappellent avec justesse André Orléan et Daniel de Coppet[3]».

Pour rendre compte du commencement des dettes, beaucoup d'études retiennent donc l'hypothèse de «dette

1. Bruno Théret, «La monnaie au prisme de ses crises d'hier et d'aujourd'hui», dans Bruno Théret (dir.), *La Monnaie dévoilée par ses crises*, vol. 1, *Crises monétaires d'hier et d'aujourd'hui*, Éditions de l'EHESS, 2007, p. 21.

2. François Simiand, «La monnaie comme réalité sociale», *op. cit.*, cité par Jean-Yves Grenier, «Penser la monnaie autrement», *Annales, Histoire, Sciences sociales*, novembre-décembre 2000, n° 6, p. 1337; http://www.persee.fr/doc/ahess_0395-2649_2000_num_55_6_279919.

3. Jean-Yves Grenier, *ibid.*

de vie », et qu'au commencement de la monnaie il y a la dette. Cette origine reste gravée tout au long de l'histoire : quel que soit son support, matériel ou non, la monnaie est l'expression des créances et dettes dans la société. Aujourd'hui, la monnaie de crédit est une dette, une reconnaissance de dette de la banque émettrice de la monnaie et de l'emprunteur qui reçoit le crédit. En revanche, la réciproque n'est pas vérifiée : toute dette ne correspond pas à une monnaie nouvelle (voir chapitre 2).

Mais, déjà, apparaît le premier signe du caractère ambivalent de la monnaie que nous retrouverons plus loin : la monnaie est capable d'éteindre la dette privée, et c'est par son intermédiaire que peuvent se transmettre dans le temps les engagements collectifs comme le paiement des retraites, une dette que l'on peut appeler sociale.

2. La monnaie est « signe »

Dans une perspective philosophique, Georg Simmel[1] a proposé l'hypothèse selon laquelle la monnaie est l'expression ultime du désir. Cela peut être entendu dans au moins deux sens, qui ne s'excluent d'ailleurs pas.

D'une part, cela *signifie* que la monnaie est désirée par tous parce que tous la désirent : la confiance partagée est le signe d'une appartenance commune à une même collectivité. C'est le sens que reprendront dans leurs travaux Michel Aglietta et André Orléan[2], pour en déduire que la monnaie n'est pas un bien comme les autres, mais est

1. Georg Simmel, *Philosophie de l'argent*, 1900, 1907, PUF, « Quadrige », 1999.

2. Michel Aglietta et André Orléan, *La Violence de la monnaie*, PUF, 1982 ; (dir.), *La Monnaie souveraine*, Odile Jacob, 1998 ; *La Monnaie entre violence et confiance*, Odile Jacob, 2002. Michel Aglietta, en collaboration avec Pepita Ould Ahmed et Jean-François Ponsot, *La Monnaie entre dettes et souveraineté*, Odile Jacob, 2016.

une véritable institution sociale, c'est-à-dire fruit d'une construction sociale.

D'autre part, dans le sillage de Sigmund Freud qui a inspiré John Maynard Keynes, la soif inextinguible d'argent peut être vue comme un exutoire à l'angoisse de la mort : l'accumulation infinie comme échappatoire à la finitude de la vie individuelle. On a tous en tête la propagande néolibérale incessante pour financer les retraites par la capitalisation : par la magie des marchés financiers, les fonds de pension promettent une génération spontanée de richesse pour pallier le vieillissement démographique. C'est bien sûr une illusion, un autre mythe, car, d'une certaine manière, ils promettent l'éternité aux vieux par le biais de celle de leur capital qui grossit exponentiellement grâce aux intérêts composés, intérêts qui proviennent d'une captation de richesse produite ailleurs et non d'une source miraculeuse dénommée « Finance ».

Les conséquences anthropologiques de l'accumulation monétaire rappellent celles du potlatch qui établissait les hiérarchies sociales : certains agents qui épargnent et amassent de l'argent se retrouvent créanciers et en position dominante dans la société, et, en même temps, la dette plonge d'autres agents dans une situation de dominés. La logique de l'accumulation capitaliste procède donc d'un rapport de force social dans lequel les uns vont transformer la monnaie qu'ils possèdent en capital à valoriser quand ils achètent la force de travail et des moyens de production. En même temps qu'elle est un instrument de lien social, la monnaie est donc un instrument de pouvoir et de domination : c'est par la monnaie que se réalise la socialisation des travaux privés et c'est par elle que s'exprime le pouvoir de l'argent dans la société. C'est dans ce double sens, cette ambivalence, que la monnaie est un rapport social.

Apparaissent ici deux autres notions, celles d'argent et de capital, qu'on pourrait, à première vue, considérer comme synonymes de la monnaie. Ce n'est pas le cas, pour plusieurs raisons. Alors que la monnaie doit être comprise à la fois comme un lien d'appartenance à une société et comme l'équivalent général qui permet la circulation de tous les biens et services, l'argent est un mot qui désigne d'abord un métal, qui fut pendant de longues périodes, avec ou en concurrence avec l'or, un support de la monnaie pesée, puis frappée. Durant ces périodes, le terme d'argent fut employé pour désigner la monnaie en cours, et cette habitude est restée. D'ailleurs, dans certaines langues, l'argent et la monnaie sont rendus par le même mot. Ensuite, le terme d'argent renvoie souvent à une idée de stock accumulé, quand on dit de quelqu'un qu'« il a de l'argent ». Comment a-t-il pu donc en avoir tant ? Comment l'a-t-il accumulé ? Pour répondre à ces questions, il faut introduire le concept de capital. Celui-ci se distingue des précédents par le fait que l'argent est engagé par son possesseur dans un processus d'investissement qui conduira à son accroissement grâce une production de valeur nouvelle par la force de travail. L'argent est ainsi transformé en capital rapportant un profit. On devine ici les pratiques qui sont courantes dans l'économie capitaliste dont nous reparlerons. Mais on est loin, certainement, de la monnaie-dette de vie, et il conviendra donc de ne pas confondre sans précaution les termes de monnaie, d'argent et de capital. Ces trois notions ne sont pas « signes » des mêmes caractéristiques sociales.

3. La monnaie est une institution sociale

Puisque la monnaie ne peut pas être pensée exclusivement « dans l'espace du marché[1] », elle doit être comprise

1. Selon l'expression de Philippe Rospabé, *La Dette de vie, aux origines de la monnaie*, La Découverte/MAUSS, 1995, p. 24.

comme un médiateur social. Selon Michel Aglietta et André Orléan, la monnaie institue un rapport d'appartenance des membres d'une collectivité à cette collectivité dans son ensemble. Elle est donc un rapport social avant d'être un instrument économique. Et ce rapport d'appartenance, bien que sous des formes et avec des supports monétaires variés, se vérifie dans les différentes sociétés. L'unité du fait monétaire dans l'histoire nous apprend que les formes de la monnaie ont évolué au fil du temps, dans un processus de dématérialisation croissante, sans pour autant changer sa nature profonde, c'est-à-dire signifier une appartenance à un ordre social, à une communauté politique. Les monnaies traditionnelles, longtemps supportées par des marchandises, ont d'abord été remplacées par des monnaies métalliques émises par des souverains, puis par la monnaie papier. Est venue ensuite la monnaie scripturale, soit écrite sur les comptes bancaires, soit, depuis peu, sous forme dite virtuelle. Ce sont des innovations monétaires d'importance qui réussiront à inspirer la confiance de leurs utilisateurs, malgré la dématérialisation de la forme de la monnaie[1].

C'est parce que la monnaie est une institution de la société que l'ensemble des sciences sociales doit être mobilisé afin de saisir ses caractères essentiels et dépasser la vision utilitariste, parfois encore présente dans certains manuels d'économie. La monnaie n'est pas qu'un simple intermédiaire des échanges, un vulgaire objet économique inventé pour faciliter les échanges marchands. En récusant le mythe du troc comme ancêtre d'une économie avec monnaie, on signifie que la monnaie n'apparaît pas parce que deux individus ont décidé d'échanger leurs produits

1. La dématérialisation porte seulement sur la forme de la monnaie, car les formes modernes comme la monnaie scripturale et, plus encore, les monnaies numériques supposent en amont une infrastructure matérielle considérable en réseaux informatiques et énergie.

et que cette rencontre suscite l'invention de la monnaie. Au contraire, on pose l'hypothèse que la monnaie précède et détermine l'ordre social des échanges. Cette hypothèse entre dans un cadre théorique et épistémologique[1] où la société n'est pas une somme d'individus[2], mais où les individus sont des êtres sociaux, socialisés par l'ensemble des institutions et des relations sociales auxquelles ils sont mêlés. Elle permet en outre de comprendre le sens du développement des monnaies locales complémentaires (voir l'encadré 1.1).

ENCADRÉ 1.1

Les monnaies locales complémentaires au service du bien commun ?

Le développement des monnaies locales et complémentaires depuis la fin des années 1990 approfondit les liens sociaux tissés par l'action citoyenne pour régénérer les territoires. On recense plus de 5 000 dispositifs en 2016 dans plus de 50 pays du monde, avec une nette accélération de leur développement depuis 2008. Cela n'a rien d'étonnant : la crise financière globale a renforcé le besoin pour les citoyens de se réapproprier un bien public censé répondre aux besoins de la société, la monnaie. Or, celle-ci ne remplit plus toujours ce rôle. La monnaie créée par les banques n'est plus au service de l'économie « réelle ». La monnaie officielle n'incarne plus un grand projet de prospérité et de société fondée sur un nouveau paradigme. Particulièrement en Europe. Pour certains, l'euro est la monnaie de →

1. L'épistémologie est une science qui étudie les méthodes de toutes les sciences.

2. Souvenons-nous que, à l'inverse, Margaret Thatcher disait que la société n'existait pas et qu'il n'y avait que des individus. Il s'agit d'une problématique individualiste à laquelle s'oppose l'idée que le tout est beaucoup plus que la somme des parties.

l'austérité, pour d'autres, elle est déconnectée des enjeux sociaux et environnementaux de notre temps. Pourquoi ne pas alors créer, à l'échelle locale, sa propre monnaie associée à des valeurs et principes éthiques communément partagés ?

De toute évidence, l'essor des monnaies locales complémentaires s'inscrit dans un mouvement de réhabilitation, à l'échelle locale, de la monnaie comme lien social, une caractéristique essentielle de la monnaie qui s'est distendue avec la montée de l'individualisme, la financiarisation et la globalisation de l'économie, la multiplication des déboires et scandales financiers, la perte de sens reprochée aux actions économiques, etc. En créant les monnaies locales complémentaires, les acteurs de la société civile cherchent non seulement à retrouver la monnaie capturée par la finance, mais à ériger les piliers monétaires d'un nouveau projet de société : « La monnaie est perçue au sein de ces dispositifs comme un bien commun au service du collectif. Elle n'est pas envisagée comme un moyen d'enrichissement personnel[1]. »

En étant arrimées au système monétaire officiel (par exemple sur la base d'une unité locale contre un euro), les monnaies locales complémentaires ne représentent pas une création monétaire au sens où nous le définirons dans le chapitre 2. Leur développement bénéficie d'un apprentissage collectif cognitif tirant les enseignements des expériences qui ont posé problème. On sait désormais qu'une monnaie locale, à l'instar de toutes les autres monnaies, repose sur la confiance et un esprit communautaire solide. Son fonctionnement doit être simple et reposer sur une charte de valeurs bien identifiées, sans quoi elle suscitera les réticences de ses utilisateurs potentiels. Elle ne doit pas être accaparée par un groupe particulier (militants radicaux, élites des

1. Michel Aglietta, Pepita Ould Ahmed et Jean-François Ponsot, *La Monnaie entre dettes et souveraineté*, *op. cit.*, p. 191.

→

centres-villes, etc.), mais faire consensus au sein de la communauté pour assurer sa diffusion.

Le succès des monnaies locales repose sur l'action décisive de trois catégories d'acteurs. Tout d'abord, le dynamisme des citoyens utilisateurs bien sûr. Ensuite, le soutien des collectivités locales qui ont un grand rôle à jouer dans la pérennité financière, les premières années, dans la diffusion de la monnaie locale. La lourdeur du cadre législatif français limite, pour l'instant, la possibilité de versement de subventions et le règlement des impôts locaux en monnaie locale, comme cela se fait par exemple à Bristol, en Angleterre.

Enfin, une troisième catégorie d'acteurs est essentielle : celle des prestataires qui, bien entendu, auront signé la charte des valeurs. Sans entreprise, commerce de proximité, artisan, association, etc., le périmètre de la monnaie locale reste circonscrit au cercle des citoyens. Elle perd alors sa capacité à transformer les comportements d'échange à l'échelle locale et à répondre aux enjeux essentiels de notre société.

Si l'éclosion de multiples initiatives locales participe à la transformation des sociétés, les monnaies locales complémentaires ne peuvent à elles seules inverser la logique globale du capitalisme, notamment dans son aspect financier. Cela tient, d'une part, au fait qu'elles ne répondent pas à toutes les conditions d'une véritable monnaie, en particulier reposer sur une assise politique et un tissu productif suffisamment larges, ce qui les contraint le plus souvent à être reliées à la monnaie officielle. D'autre part, l'ensemble des questions relatives à la propriété et au pouvoir reste à résoudre.

4. Confiance et légitimité de la monnaie

Se pose une première question : comment et par qui la monnaie est-elle « instituée » et ensuite acceptée ? De nombreux exemples historiques attestent que le souverain, ou l'État, a joué un rôle moteur pour instituer la monnaie et même l'imposer (dans les deux sens du terme). En effet, en obligeant les sujets à payer l'impôt en monnaie, la pratique des échanges monétaires est devenue un passage obligé pour pouvoir satisfaire à l'exigence du souverain. Celui-ci, pour faire la guerre et imposer son pouvoir, devait lever une armée. En payant ses soldats et en exigeant de ses sujets le retour de ses pièces de monnaie sous forme d'impôt, il transformait la société entière en un très efficace système d'approvisionnement de ses soldats. L'anthropologue David Graeber[1] montre que les grands empires de l'Antiquité, qui naissent simultanément vers 600 avant J.-C. dans le monde méditerranéen, en Inde et en Chine, sont le produit d'une monétarisation et d'une militarisation de la société, et ont pour conséquence un développement des marchés au comptant qui se substituent au système traditionnel d'échanges à crédit[2].

Deux processus sont donc à l'œuvre. Le premier repose sur la violence du procédé fiscal : en décrétant que seule l'unité de compte X peut être utilisée pour régler les prélèvements obligatoires, l'autorité souveraine oblige les agents à se procurer cette unité de compte, favorisant ainsi sa circulation. L'unicité de l'unité de compte ayant cours légal constitue donc le socle de la circulation monétaire, comme l'avait pressenti Keynes dans les premières pages du *Traité de la monnaie* en 1930[3]. Mais le procédé fiscal et légal ne suffit pas. Bien qu'obligés d'utiliser l'unité de compte officielle pour régler leurs taxes et impôts, les agents économiques peuvent considérer qu'elle

1. David Graeber, *Dette, 5 000 ans d'histoire*, Les Liens qui libèrent, 2013.

2. On verra, dans le chapitre 2, le rôle que joueront, à l'époque moderne, les banques pour renouveler complètement les formes de la monnaie et son utilisation.

3. John Maynard Keynes, *A Treatise on Money*, vol. 1, *The Pure Theory of Money*, Londres, Macmillan, 1930.

n'est plus légitime. C'est par exemple ce qui se passe dans les économies « dollarisées », lorsque la monnaie nationale rattachée au dollar n'inspire plus confiance, et que les agents économiques lui préfèrent une devise étrangère.

Cela implique de reconnaître que la construction de la confiance dans la monnaie est essentielle, mais fragile et complexe [1]. Elle ne se décrète pas. Pour le comprendre, il faut revenir à l'hypothèse de départ : la monnaie institue un rapport d'appartenance à une collectivité. Ce rapport est établi sur la base d'une confiance que les individus accordent à l'institution qui va les unir et garantit les valeurs, principes et normes guidant leur communauté de destin. La confiance est donc constitutive du fait monétaire. Elle puise sa source et se renforce dans une communauté de valeurs et de symboles culturels auxquels l'ordre politique et constitutionnel donne une forme juridique qui a force de loi. De plus, la confiance est d'autant mieux accordée au signe monétaire institué qu'un système productif est capable de fournir et répartir les biens et services contre lesquels la monnaie servira de contrepartie. Dès lors que cette confiance prend corps, le mimétisme vient la renforcer : j'accepte la monnaie parce que je sais que d'autres l'accepteront de ma main en retour, et ainsi de suite. Michel Aglietta précise que cette confiance revêt une triple dimension qu'il nomme : confiance méthodique fondée sur la répétition quotidienne des actes d'échange ; confiance hiérarchique en l'autorité qui garantit la monnaie ; confiance éthique reposant sur les valeurs philosophiques et l'ordre symbolique partagés dans la société.

Que l'un des trois éléments que sont la confiance, la légalité, la production vienne à manquer, et c'est tout

1. Michel Aglietta, Pepita Ould Ahmed et Jean-François Ponsot, « La monnaie, la valeur et la règle », *Revue de la régulation*, n° 16, 2e semestre 2014.

l'édifice qui peut se déliter, voire s'effondrer. C'est la crise monétaire, qui, très souvent, conduit à la crise politique. Ce type de défaillance existe : hyperinflation, spéculation sur les taux de change, crises monétaires... Et on montrera plus loin que l'euro est en crise, et son avenir incertain, car c'est une monnaie « incomplète » qui ne possède pas l'ensemble des attributs d'une monnaie à part entière (voir les chapitres 3 et 6).

Si on résume le parcours déjà accompli jusqu'ici, trois idées peuvent être retenues : la monnaie est inhérente aux échanges sociaux ; elle est l'envers d'une dette ; elle relie l'ordre culturel, l'ordre politique et l'ordre productif, trois ordres qui sont les conditions de la confiance en elle. Ces caractères sont présents dans toutes les sociétés monétarisées. Mais cette monétarisation n'a pas été toujours complète. Elle est le fruit de l'histoire, faite de rapports de force, eux-mêmes reflets des rapports sociaux. La monétarisation de plus en plus grande des sociétés a répondu aux besoins et exigences des classes dominantes.

ENCADRÉ 1.2

Bitcoin, blockchain : quel avenir pour les cryptomonnaies ?

Internet et les nouvelles technologies de l'information ont conduit à la naissance de nouveaux instruments monétaires : les cryptomonnaies. Introduit en 2008, le bitcoin est la plus médiatisée de ces cryptomonnaies[1]. Il fonctionne sur la base fixe d'un maximum de 21 millions d'unités, créées selon le code source du logiciel inventé par son fondateur et

1. Louis Larue, « Le bitcoin : évaluation d'une innovation monétaire », *Regards économiques*, IRES, n° 127, septembre 2016.

→

mobilisant un système de codage informatique des transactions, le « blockchain ». Cette technique nécessite la mise à disposition d'outils informatiques : pour obtenir des bitcoins, les utilisateurs mettent à disposition leurs ordinateurs (c'est le « bitcoin mining »). Aujourd'hui, le bitcoin est devenu un instrument de spéculation.

Le bitcoin n'est pas une monnaie à part entière. Non pas parce que c'est une monnaie immatérielle, mais parce qu'il s'agit d'une monnaie privée déconnectée de toute autorité souveraine assurant sa liquidité et sa pérennité. Il entretient l'illusion d'une communauté virtuelle et se caractérise par l'absence de centralisation monétaire – le fonctionnement se fait en mode pair à pair. Il se distingue de la monnaie créée par les banques à travers l'octroi de crédit : les règles organisant son émission sont déterminées uniquement par un code informatique. Les achats et ventes de bitcoins contre des monnaies se font sur des plateformes informatiques de paiement, sous la condition d'un mot de passe, dont la perte entraîne celle des bitcoins[1].

Le bitcoin est fondé sur les thèses crypto-anarchistes et libertariennes en vogue depuis les années 2000. C'est une monnaie virtuelle antibanque, anti-État, anti-« commun ». Le bitcoin séduit certains de ses utilisateurs, car il leur donne l'illusion qu'ils s'approprient la monnaie et se débarrassent de l'intervention jugée nocive des acteurs qui la contrôlent habituellement (États, banques centrales, banques, etc.).

Les caractéristiques du bitcoin en font un instrument monétaire instable. Au-delà des risques opérationnels et technologiques associés à tout réseau et système de paiement non contrôlé, il fait face à des écueils importants. Générée

1. Banque de France, *La Revue de l'Autorité de contrôle prudentiel et de résolution*, n° 16, janvier-février 2014 ; https://acpr.banque-france.fr/fileadmin/user_upload/acp/publications/registre-officiel/201402-Revue-de-l-ACPR-16.pdf.

→

sur la base d'un algorithme, la production de bitcoins cessera lorsqu'elle aura atteint un plafond fixé à 21 millions : l'offre de bitcoins, fixée préalablement, ne peut donc répondre aux besoins mondiaux de liquidités. De plus, le bitcoin suppose une logistique informatique très importante, gaspilleuse d'énergie. Enfin, la répartition du bitcoin est, par nature, très inégalitaire : elle favorise les premiers détenteurs (*early adopters*) qui, mettant à disposition leurs ordinateurs, obtiennent facilement des bitcoins. Les derniers utilisateurs ont plus de difficulté à obtenir des unités par cette méthode dite du « mining » car la puissance informatique qu'il faut mettre à disposition du réseau est démultipliée. L'hypervolatilité de son cours en fait un instrument monétaire peu propice à pérenniser les paiements. Son caractère hautement spéculatif ne peut contribuer à stabiliser le système monétaire international. Le bitcoin a déjà connu plusieurs krachs avec une chute brutale de sa valeur. Sa détention est d'autant plus risquée qu'aucune garantie de convertibilité en monnaie « officielle » par les pouvoirs publics n'est assurée. Si le protocole de validation des transactions est lui-même très sécurisé, il n'en va pas nécessairement de même pour le stockage. Enfin, l'anonymat des transactions en bitcoins (du moins la difficulté à tracer les opérations) constitue une aubaine pour la cybercriminalité et le blanchiment.

Les limites du bitcoin ne doivent pas conduire à rejeter l'application au système monétaire des nouvelles technologies de l'information. Celles-ci pourraient être à l'origine d'importantes avancées technologiques et institutionnelles dans l'avenir. Les paiements résultant des échanges doivent être organisés au niveau de l'ensemble de l'économie. C'est aujourd'hui rendu possible par la compensation qui s'opère entre les différentes banques sous le contrôle de la banque centrale. Chercheurs et acteurs financiers explorent la possibilité d'une nouvelle structure, organisant la compensation de manière anonyme par un réseau d'ordinateurs (blockchain)

→

qui enregistre les transactions, les valide et les actualise en temps réel. Le blockchain est supposé fournir la mémoire de toutes les transactions monétaires. Selon ses promoteurs, cette nouvelle technologie, qui s'inspire de celle du bitcoin, pourrait révolutionner non seulement le système de paiement, mais aussi un grand nombre de professions. Cette technique peut constituer une avancée importante, en permettant notamment d'accroître l'efficacité du système de paiement.

Mais la dimension sociale et politique de la monnaie ne peut être occultée : les cryptomonnaies souffrent de l'absence d'un système centralisé de garantie des paiements habituellement apporté par la banque centrale et le stock fixe de bitcoins émis en fait un instrument de paiement incapable d'accompagner les besoins de financement de l'économie.

5. *Monnaie, préférence pour la liquidité et spéculation*

La monnaie est désirée par les agents économiques car c'est l'actif le moins risqué ; on dit que c'est *l'actif le plus liquide*. En effet, la monnaie a trois propriétés uniques. Elle est acceptée par tous les acteurs économiques. Elle est immédiatement disponible pour le règlement des transactions économiques. Et, à la différence des autres actifs, réels et financiers, dont les prix fluctuent au gré des variations de l'offre et de la demande, la monnaie a une valeur nominale stable à l'intérieur du pays où elle est émise, déterminée hors marché et garantie par l'État et la banque centrale dans l'espace territorial où elle est émise.

Ces propriétés de la monnaie expliquent pourquoi les agents économiques souhaitent détenir de la monnaie. Le premier économiste à avoir insisté sur l'importance de la liquidité est John Maynard Keynes, qui, dans sa *Théorie générale de l'emploi, de l'intérêt et de la monnaie*[1], analyse la détention de monnaie comme un comportement de « préférence pour la liquidité ». Selon Keynes, les agents économiques recherchent la monnaie pour faire face à l'incertitude, c'est-à-dire à leur incapacité de prévoir l'avenir, principalement en ce qui concerne l'évolution future des prix des actifs réels et financiers, d'une part, et des revenus et des dépenses des agents économiques, d'autre part.

On trouve ici une dimension essentielle de l'économie monétaire décrite par Keynes. D'un côté, la monnaie est détenue parce qu'elle inspire confiance, du fait de sa propriété d'actif sans risque, garantie par le système bancaire et l'État ; et, d'un autre côté, elle est recherchée pour faire face à la défiance à l'égard de l'avenir incertain.

Cette notion de liquidité joue un rôle central dans le capitalisme contemporain, dominé par la finance. Ceux qui placent de l'argent sur les marchés financiers peuvent retrouver très rapidement la disponibilité de leur capital en vendant leurs titres ; ce qui leur permet de profiter de nouvelles occasions d'investir jugées plus rentables. La métamorphose d'un capital productif – donc immobilisé – en argent liquide représente le passage d'une frontière entre deux mondes, celui de l'économie du travail et de la production d'un côté, et celui de la finance et de la spéculation de l'autre. Cette métamorphose conduit à une double contradiction. En premier lieu, la préférence pour la liquidité des capitalistes peut nuire à l'investissement des entreprises. Keynes distingue à ce sujet deux types de comportements : celui de *spéculer*, qui consiste à prévoir la psychologie des marchés, et celui d'*entreprise*, qui s'intéresse au rendement du capital immobilisé. Et il ajoute : « le risque d'une prédominance de la spéculation

1. John Maynard Keynes, *Théorie générale de l'emploi, de l'intérêt et de la monnaie*, 1936, Payot, 1969.

tend à grandir à mesure que l'organisation des marchés progresse[1] ». Prédiction qui a été vérifiée depuis les débuts du capitalisme financier, au dernier quart du XXe siècle. Il y a, en second lieu, le fameux paradoxe de la liquidité exprimé ainsi par Keynes : « Les investissements qui sont "fixes" pour la communauté sont ainsi rendus "liquides" pour l'individu[2]. » En effet, si tous les investisseurs se défont simultanément de leurs titres, la valeur de ceux-ci devient nulle, sans qu'une richesse réelle ait disparu pour autant[3]. La préférence pour la liquidité est, selon André Orléan, à la suite de Keynes, « un désir contradictoire qui ne peut manquer de se détruire dès l'instant qu'il est poursuivi simultanément par tous[4] ».

Nous pouvons alors maintenant examiner la place particulière occupée par la monnaie dans l'économie capitaliste qui est une « économie monétaire de production », selon l'expression de Keynes.

2. QU'EST-CE QU'UNE ÉCONOMIE MONÉTAIRE DE PRODUCTION ?

Le capitalisme est aujourd'hui l'économie dominante à l'échelle du monde. Sa définition la plus courante établit que les travailleurs producteurs, ne possédant que leur force de travail, louent celle-ci aux propriétaires des moyens de production (terre, bâtiments, machines, matières premières...), tous ces équipements constituant le capital productif, lequel est acheté par du capital sous sa forme

1. *Ibid.*, p. 173.
2. *Ibid.*, p. 168
3. Nous verrons plus loin que les bulles financières ne représentent que du capital fictif.
4. André Orléan, *Le Pouvoir de la finance*, Odile Jacob, 1999, p. 33-34.

financière. C'est ici que l'on retrouve la monnaie, en tant qu'équivalent général de toutes les marchandises. Car ce qui distingue en particulier l'économie capitaliste des économies précédentes dans l'histoire, c'est que la mise en œuvre du capital productif exige la présence de la monnaie puisqu'il doit être acheté. Nous ne vivons pas dans une société où chaque petit producteur indépendant fabriquerait lui-même ses outils et garderait une part de sa récolte pour servir de semence.

Cependant, si la plupart des activités sociales dans le capitalisme sont monétarisées, celles-ci ne sont pas toutes marchandes. Il conviendra donc d'opérer une double distinction entre le monétaire et le non-monétaire, et par ailleurs, entre le marchand et le non-marchand. Il s'ensuivra deux conséquences. D'une part, la monnaie a une dimension politique, elle n'est donc pas un bien comme les autres, car elle porte en elle une ambivalence : elle est à la fois bien privé et bien public. D'autre part, elle est introduite dans le circuit économique par le crédit, sans être confondue avec lui.

1. La monnaie est l'opérateur par lequel la valeur économique est validée dans la société

Insérés dans une division du travail de plus en plus poussée, les producteurs travaillent et se livrent à des échanges de biens et services qui – c'est leur pari – représentent une valeur d'usage (une utilité concrète) pour les autres. Sans la conclusion de ces échanges, nous dit Karl Marx, le travail qu'ils ont effectué l'aurait été en pure perte. Si les valeurs d'usage apportées sur le marché trouvent preneurs, le travail effectué en amont, en quantité et en qualité, est socialement validé, et c'est en monnaie que la valeur dite d'échange va être exprimée. Sans cette validation par l'échange monétaire, la valeur économique des biens produits ne se révélerait pas, quelle que soit leur utilité intrinsèque dite valeur d'usage[1]. En d'autres termes, le marché révèle et sanctionne un processus qui lui est antérieur, celui de la production et des rapports sociaux dans lesquels celle-ci est effectuée ; il valide à la fois les anticipations des producteurs et le travail socialement nécessaire à leur accomplissement. Mais ce processus ne peut lui-même être amorcé et mené que grâce à la monnaie.

2. Ce qui est monétaire n'est pas nécessairement marchand

Dans *Le Capital*[2], Marx analyse le capitalisme comme un ordre marchand généralisé dans lequel le rapport salarial est devenu le rapport social dominant, sinon exclusif. La force de travail est louée par le capitaliste en monnaie : il rémunère le salarié non pas en nature par une partie de la production que celui-ci a réalisée, mais par un salaire monétaire qui est une fraction de la valeur qu'il a ajoutée aux moyens de production avec lesquels il a travaillé. Ainsi, par la vente des marchandises, le capitaliste a non seulement récupéré son avance en capital (équipements et salaires), mais il a réalisé une plus-value en capital représentée par son profit monétaire. Ainsi s'enclenche le processus d'accumulation (voir chapitre 3).

Cependant, toute économie concrète s'écarte du modèle théorique ci-dessus. Bien que la majeure partie de l'économie capitaliste soit marchande, il existe au sein des

1. Nous ne développerons pas plus ici les controverses traditionnelles en économie sur la valeur, l'utilité et le travail. Deux ouvrages récents débattent de ces questions : André Orléan, *L'Empire de la valeur. Refonder l'économie*, Seuil, 2011 ; Jean-Marie Harribey, *La Richesse, la Valeur et l'Inestimable. Fondements d'une critique socio-écologique de l'économie capitaliste*, Les Liens qui libèrent, 2013.

2. Karl Marx, *Le Capital*, Livre I, 1867, par ex. dans *Œuvres*, Gallimard, « Bibliothèque de la Pléiade », t. I, 1965.

économies contemporaines dominées par le capitalisme un large pan d'activités évaluées monétairement mais qui sont non marchandes : elles ne sont pas vendues sur un marché, elles ne rapportent pas de profit et leur coût est mutualisé, socialisé. Ainsi, en va-t-il notamment de l'école publique « gratuite », des soins « gratuits », qui sont des services non marchands, dont le « paiement » n'est pas individuel mais est assuré par l'impôt ou la cotisation sociale, et dont la mise à disposition ne procure aucun gain financier à personne. Ce qui rend possible cette socialisation, c'est la monnaie. En effet, le professeur qui apprend à lire aux enfants, le médecin qui soigne le malade à l'hôpital ne sont rémunérés ni par les parents ou le malade ni en nature, mais ils le sont par la collectivité et en monnaie. C'est par la monnaie qu'une part de la richesse produite par le travail dans la société peut être socialisée et redistribuée[1]. Le tissu associatif est, quant à lui, de nature hybride : il vend parfois une partie de ses services, il reçoit souvent des subventions provenant de la sphère publique, il bénéficie aussi de dons individuels sous la forme monétaire et bien sûr d'un immense travail bénévole, ce dernier étant hors de la sphère monétaire.

En effet, la sphère monétaire, comprenant sa partie marchande et sa partie non marchande évoquées à l'instant, ne résume pas toute la société, parce qu'existe aussi une sphère non monétaire, dans laquelle on trouve les activités domestiques, les activités bénévoles, sources d'authentiques valeurs d'usage, mais sans valeur monétaire. On retiendra aussi qu'appartiennent à cette catégorie un certain nombre de richesses naturelles comme la lumière solaire, l'air…, mais pour combien de temps, vu le rythme de la

1. Pour des exemples plus nombreux, voir Les Économistes atterrés, *Nouveau Manifeste*, Les Liens qui libèrent, 2015. Pour un approfondissement théorique, voir Jean-Marie Harribey, *La Richesse, la Valeur et l'Inestimable*, *op. cit.*

financiarisation de la société… ? Richesses dont il conviendrait de préserver la qualité.

3. La dimension politique de la monétarisation et de la marchandisation

Tout ce qui précède ne résulte pas d'un ordre naturel ou immuable, mais est le résultat d'une construction sociale et politique. La frontière entre le monétaire et le non-monétaire et celle entre le marchand et le non-marchand ne sont tracées ni de manière immanente ni définitivement. Elles résultent des rapports de force, des compromis sociaux, modifiables à tout instant. Ainsi, la protection sociale (santé et retraites collectives par exemple) instituée pendant la seconde moitié du XXe siècle en France et dans de nombreux autres pays fut un choix collectif, sanctionnant un rapport de force entre les classes sociales, favorable à cette époque au salariat. À l'inverse, sa remise en cause par le néolibéralisme reflète le renversement du rapport de force en faveur des classes sociales liées à la finance.

La tendance forte qui est à l'œuvre dans le capitalisme est d'élargir sans cesse l'espace marchand, au point de faire courir le risque à la société de voir tout se transformer en marchandises, une « immense accumulation », selon Marx, ou bien de faire de la terre, du travail et de la monnaie des « marchandises fictives », comme disait l'anthropologue hongrois Karl Polanyi[1]. En observant l'histoire, ce dernier a distingué d'un côté les monnaies dans les sociétés anciennes, qui étaient spécifiques selon les usages, et de l'autre les monnaies servant à tous les usages dans les sociétés modernes. Cette distinction permet de ne plus associer monnaie et marché : le marché suppose

1. Karl Polanyi, *La Grande Transformation. Aux origines politiques et économiques de notre temps*, 1944, Gallimard, 1983.

la monnaie, mais l'inverse n'est pas vrai. Autrement dit, les usages monétaires sont historiquement antérieurs au marché, et on retrouve l'idée que les dettes et les obligations ont précédé le marché. En soulignant le fait que les monnaies modernes ont un caractère universel parce qu'elles peuvent servir à tous les usages, Polanyi rompt comme Keynes avec la dichotomie des sphères réelle et monétaire défendue par les économistes classiques et néoclassiques (voir l'annexe au chapitre 1, « Les différentes théories économiques sur la monnaie »). Ainsi, la monnaie est une institution nécessaire au développement du marché, car celui-ci ne s'autorégule pas. Mais, contradictoirement avec cette tendance à l'universalité, la monnaie est source de fractionnement de la société, dans la mesure où elle favorise ce que Polanyi appelle le « désencastrement » de l'économie par rapport au reste de la vie sociale : la société court le risque alors de voir la terre, le travail et la monnaie devenir des marchandises. Et il craint alors la potentialité destructrice de ce mouvement s'il se perpétue : « Les marchés du travail, de la terre et de la monnaie sont sans doute essentiels pour l'économie de marché. Mais aucune société ne pourrait supporter, ne fût-ce que pendant le temps le plus bref, les effets d'un pareil système fondé sur des fictions grossières, si sa substance humaine et naturelle comme son organisation commerciale n'étaient pas protégées contre les ravages de cette fabrique du diable[1]. » Polanyi estime donc impossible la réalisation de ces fictions. Pourtant, le processus de marchandisation du monde se poursuit et aggrave les tensions, auxquelles l'importance de la crise actuelle du capitalisme n'est sans doute pas étrangère : le « marché » du travail n'est-il pas progressivement libéralisé, la monnaie n'est-elle pas dirigée pour servir les appétits financiers et la nature n'est-elle pas à son tour aspirée pour

1. *Ibid.*, p. 108-109.

devenir le support de nouveaux actifs à rentabiliser, tout devenant objet de spéculation ?

La monnaie renferme donc en elle une ambivalence, un côté pile et un côté face pour au moins trois raisons. Elle est à la fois un bien public parce qu'elle émane de la société et qu'elle permet la mise en commun d'une partie du fruit du travail dans la sphère non marchande, et un bien privé parce qu'elle permet l'accumulation de ceux qui ont suffisamment d'« argent » pour employer de la force de travail dont le produit, une fois converti en monnaie, valorisera leur capital. La monnaie est également ambivalente parce qu'elle éteint les dettes privées dans l'instant où celles-ci sont honorées, et elle transmet dans le temps, d'une part, les dettes privées qui seront honorées plus tard et, d'autre part, les dettes sociales ou collectives qui courent d'une génération à l'autre et qui ne s'éteignent pas, comme le droit à la retraite. Enfin, dernière manifestation de cette ambivalence, la monnaie est objet de désir car elle permet d'accéder aux biens et services et aussi de spéculer sur l'avenir. On comprend que la gestion d'une monnaie aussi ambivalente soit une affaire éminemment politique.

4. Les contours de la masse monétaire actuelle

La monnaie est introduite par le crédit, sans se confondre avec lui. La question de la création de monnaie sera abordée plus loin dans le livre (chapitre 2). On y verra que la monnaie est introduite dans l'économie capitaliste à l'occasion du crédit, mais tout crédit ne correspond pas à de la monnaie nouvelle. Les crédits sont le plus souvent accordés avec des garanties en contrepartie (par exemple des hypothèques ou des titres) et sont l'occasion pour les institutions financières de prélever des intérêts (voir l'encadré 2.3).

Cependant, l'évolution du capitalisme contemporain a brouillé la frontière entre, d'une part, la monnaie proprement dite, celle sous forme fiduciaire et sous forme scripturale, et, d'autre part, les actifs financiers dont la transformation en monnaie liquide est devenue très aisée. Sans que ceux-ci soient des instruments de paiement à proprement parler, les actifs financiers sont eux aussi des réserves de valeur quasiment liquides pour leurs propriétaires, sauf en cas d'explosion des bulles financières et d'évanescence du capital fictif.

On désigne communément par le terme « masse monétaire » l'ensemble des moyens de paiement à disposition des agents non financiers. Bien sûr, les billets et les pièces détenus par les agents non financiers composent en partie la masse monétaire, mais on y intègre aussi les montants détenus sur les comptes courants ou les actifs détenus qui seront facilement transformés en monnaie. Ainsi, les contours de la masse monétaire dans une économie moderne dépendent du type d'actifs que l'on y inclut. La masse monétaire est plus ou moins large selon les actifs qu'on retient dans sa mesure : l'agrégat monétaire le plus étroit, M1, est simplement composé par les dépôts à vue (les comptes courants) des ménages et des entreprises auprès des banques et les billets et pièces qu'ils détiennent. Si l'on ajoute à cela les *dépôts à vue non mobilisables par chèque ou par carte bancaire* (dépôts à terme inférieurs à deux ans), on obtient un agrégat plus large, appelé M2. Enfin, dans une conception encore plus large de la masse monétaire, on incorpore, outre les actifs précédents, les *titres de créances négociables* sur le marché monétaire[1], et on aboutit à l'agrégat M3.

La masse monétaire n'intègre pas l'ensemble des actifs émis par les banques ; on s'intéresse uniquement aux moyens de paiement disponibles pour les ménages et les

1. Les titres de créances négociables sont des titres à court et à moyen termes émis par les entreprises industrielles et commerciales, l'État et les banques. L'essentiel de l'intermédiation sur ce marché de gré à gré est le fait des banques.

entreprises. La masse monétaire ne doit pas être confondue avec la base monétaire ou la monnaie centrale. Ces termes désignent le passif de la banque centrale constitué des billets et pièces émis par la banque centrale et qui circulent dans l'économie (c'est la monnaie fiduciaire), ainsi que la monnaie déposée par les banques auprès de la banque centrale, qui, elle, ne circule pas parmi les ménages et entreprises (c'est une monnaie de type scriptural et interbancaire, c'est-à-dire qui ne circule qu'entre les banques).

Enfin, depuis les années 1990, on mesure parfois l'endettement intérieur total (EIT) qui regroupe tous les financements obtenus par les agents non financiers (État, sociétés non financières, ménages), tant auprès des établissements de crédit que sur les marchés de capitaux auprès de résidents ou de non-résidents[1].

Afin d'approfondir les relations entre monnaie et dette et entre monnaie et actifs financiers, et afin de comprendre l'origine de la monnaie, il convient maintenant de décortiquer les mécanismes de la création monétaire.

Annexe au chapitre 1

LES DIFFÉRENTES THÉORIES ÉCONOMIQUES SUR LA MONNAIE

L'école classique : la monnaie n'est qu'un voile et elle est neutre

Les principaux représentants de l'économie politique classique (Adam Smith, David Ricardo, Jean-Baptiste

1. Voir INSEE, « Endettement des agents non financiers en 2015 » ; https://www.insee.fr/fr/statistiques/2569408?sommaire=2587886&q=endettement#titre-bloc-3.

Say) à la fin du XVIIIe siècle et au début du XIXe ont postulé l'existence de lois économiques naturelles. Les individus sont naturellement portés à échanger, et les marchandises s'échangent entre elles : la monnaie ne fait que voiler cet échange « réel ». De cette idée naîtra une conclusion erronée : il ne pourrait exister de surproduction générale car « les produits s'échangent contre des produits » (c'est ladite loi des débouchés de Say). Cette loi conduira plus tard à une théorie elle aussi contestable : la théorie quantitative de la monnaie qui énonce que toute augmentation de la masse monétaire entraîne en longue période une augmentation proportionnelle du niveau général des prix.

L'école néoclassique : non seulement la monnaie est neutre, mais il faut neutraliser la politique monétaire

Il existe de nombreuses variantes dans la théorie néoclassique, mais toutes croient en la possibilité d'un équilibre général spontané. Ce modèle, issu des travaux de Léon Walras au début du XXe siècle, considère la monnaie comme un bien quelconque, ce qui, de fait, équivaut à son exclusion du modèle.

Au sein de l'école néoclassique, c'est toutefois le courant dit monétariste, dont le principal représentant est Milton Friedman, qui a poussé le plus loin la théorie quantitative de la monnaie au début des années 1960. Si la variation de la quantité de monnaie ne fait varier que les prix, elle n'a aucune influence sur la production et l'emploi. Cette théorie estime donc que la monnaie est neutre à long terme au regard de l'activité réelle. Cela signifie que, pour sauvegarder le caractère neutre de la monnaie, il faut neutraliser la politique monétaire, l'intervention de l'État devant se limiter à faire respecter ce caractère. Comme les théoriciens des anticipations rationnelles ont appliqué aussi le raisonnement au court terme, la conclusion politique tirée par tous ces économistes est qu'il faut étroitement surveiller l'émission de monnaie pour qu'elle ne débouche pas sur l'inflation. Les classiques et les néoclassiques considèrent que le marché fonctionnant sans entraves assure l'équilibre de plein emploi, que la production tourne à son maximum, et beaucoup en concluent qu'une politique économique est inefficace pour rétablir le plein emploi… nécessairement atteint dans le cadre de leur hypothèse.

Cette hypothèse trouve un prolongement lors des années 1970 dans les travaux de la « nouvelle économie classique » et les approches de la crédibilité de la politique monétaire. On ne peut faire confiance au gouvernement et à la banque centrale, toujours enclins à user de leur pouvoir discrétionnaire, ce qui est source d'inflation. Il convient donc d'instituer l'indépendance des banques centrales et de mettre en place des règles monétaires rigides pour assurer la crédibilité de la politique monétaire : c'est le seul moyen pour garantir la stabilité monétaire. Les politiques de ciblage de l'inflation mises en place à partir des années 1990 ne sont rien d'autre que la consécration de cette obsession de l'inflation qui serait la conséquence d'un laxisme des pouvoirs publics.

Cependant, à l'intérieur de la théorie néoclassique, un courant issu de l'école autrichienne s'écarte de l'idée de la monnaie neutre tant à court terme qu'à long terme. Le principal représentant de ce courant, Hayek, intègre le temps dans son analyse et soutient que le taux d'intérêt du marché s'écarte de son niveau naturel si la création monétaire s'ajoute à l'épargne. Il s'ensuit que la structure productive se modifie parce que davantage de biens d'investissements sont produits et moins de biens de consommation. Les prix relatifs se modifient (ceux des biens de production augmentent plus vite que ceux des biens de consommation), l'économie entre en surchauffe et l'inflation s'accroît. La monnaie est donc active mais, selon Hayek, de mauvaise manière, d'où la grande controverse avec Keynes.

La conception marxienne : la monnaie est nécessaire au rapport de production capitaliste

Le point de départ de Marx est l'analyse de la marchandise qui, dans la société capitaliste, se dédouble en valeur d'usage et en valeur d'échange. Ce n'est pas l'utilité d'un produit qui est recherchée, c'est le fait qu'il est un porte-valeur, valeur susceptible de grossir le capital une fois la marchandise vendue. La monnaie est donc liée à l'accumulation de marchandises qui ne sont pour le capital qu'une somme de valeurs marchandes. La théorie de la valeur de Marx est une théorie du travail socialisé par l'échange marchand en monnaie.

Dès lors, bien qu'elle soit un équivalent général de toutes les marchandises, la monnaie n'a pas la même signification ni le même rôle selon qu'elle est utilisée pour acheter un bien de consommation ou de la force de travail. Dans le premier cas, elle s'échange contre des biens de valeur équivalente. Dans le second, elle devient capital, c'est-à-dire un droit d'appropriation sur la capacité que possède la force de travail de créer une valeur supérieure à la sienne propre. En cela, elle dissimule le rapport social d'exploitation et d'aliénation du travail car le profit perçu par le capitaliste semble naître du capital alors qu'il est engendré par la force de travail. En effet, le capital suit un cycle en passant d'une forme argent (A) à une forme marchandise (M) et enfin à une forme argent (A' supérieur à A). Au cours de ce cycle, la force de travail mise en œuvre a valorisé le capital parce que celui-ci s'est approprié une part de la valeur créée, part que Marx a appelée plus-value car elle représente un surtravail non payé et vient grossir le capital. Au final, l'accumulation du capital à une échelle de plus en plus large nécessite une injection de monnaie nouvelle, sans laquelle aucune valeur supplémentaire ne pourrait être réalisée. Pour Marx, le crédit est une pré-validation de la valorisation future du capital : autrement dit, à l'échelle de l'ensemble de la société, l'accumulation du capital exige une création de monnaie.

Avec la conception marxienne, on abandonne l'idée que l'économie obéit à des lois naturelles, car elles sont sociales, on cesse de voir la monnaie comme un outil technique et on la considère comme un instrument de domination, dès lors qu'elle devient capital investi. On y trouve aussi une réfutation de la loi des débouchés, confirmant l'intuition qu'avait déjà eue Malthus : tout revenu ne se transforme pas en achat, parce qu'une fraction peut en être thésaurisée, et aussi parce que les profits distribués après la vente des marchandises ne peuvent constituer un pouvoir d'achat en face de ces marchandises. De plus, les crises financières récurrentes dans l'histoire du capitalisme, toujours liées aux difficultés du système productif à produire du profit en quantité suffisante aux yeux des investisseurs capitalistes, marquent l'effondrement du capital fictif représenté par les valorisations boursières démesurées (voir le chapitre 3).

La conception keynésienne met fin à la dichotomie sphère réelle/sphère monétaire

Pour Keynes, la fonction première de la monnaie est celle d'unité de compte. Les premières pages d'un de ses ouvrages majeurs, le *Traité de la monnaie*[1], insistent sur le primat de l'unité de compte. La monnaie sert d'abord à compter, à rendre commensurables les biens et richesses. Keynes n'oublie cependant pas les autres dimensions de la monnaie. Dans la *Théorie générale*, il prend en compte

1. John Maynard Keynes, *A Treatise on Money*, *op. cit.*

l'incertitude qui pèse sur les décisions économiques. Il souligne la fonction de réserve de valeur de la monnaie. Parce que la monnaie est la forme de richesse la plus liquide qui soit, les individus ont une préférence pour la liquidité. La monnaie offre à son détenteur la possibilité la plus étendue de choix ou d'anticipations. De ce fait, la monnaie n'est pas seulement désirée parce qu'elle permet d'échanger des marchandises, mais elle est désirée pour elle-même dans la mesure où elle est une protection contre l'incertitude de l'avenir. Keynes en déduit que la demande de monnaie par les agents économiques provient de deux motifs : un motif de transactions (présentes ou futures) et un motif de spéculation. En situant l'origine de la demande de monnaie, Keynes prépare la conception contemporaine de la monnaie endogène : la création de monnaie est liée au financement de l'économie (voir chapitre 2).

Un agent économique prend deux décisions successives quant à l'utilisation de son revenu. D'abord, il décide la part de son revenu qui sera consommée, dont découlera par soustraction la part épargnée. Ensuite, il décide de l'affectation qu'il donnera à son épargne : soit il la placera, soit il la gardera sous forme d'encaisse thésaurisée. L'intérêt est donc une prime de renoncement à la liquidité et non pas à la consommation comme le croient les classiques et néoclassiques. Pour Keynes, l'épargne monétaire n'est pas une condition de l'investissement, au contraire elle l'inhibe. Bien qu'elle ne soit pas suffisante pour le relancer, la politique monétaire ne doit donc pas freiner l'investissement et, par conséquent, la production et l'emploi.

La monnaie est active au niveau de la production et de l'emploi. La démonstration de ce principe actif part d'une réfutation de la théorie quantitative de la monnaie. L'accroissement de la quantité de monnaie ne produit aucun effet sur les prix tant qu'il reste du chômage et des équipements sous-utilisés. La théorie quantitative de la monnaie n'est vérifiée que lorsque tous les facteurs de production sont employés et qu'il n'est donc plus possible d'augmenter la production. Lorsque ce n'est pas le cas et que l'économie souffre de sous-emploi, les autorités monétaires peuvent faciliter l'augmentation de la quantité de monnaie en circulation. La baisse du taux d'intérêt qui en résultera aura une double influence. Elle satisfera la préférence pour la liquidité des agents. Et elle abaissera le coût de l'emprunt et rendra rentables des projets d'investissement qui n'auraient pu l'être en l'absence de baisse du taux d'intérêt. Par un effet multiplicateur, ces investissements accroissent le revenu global de la société. Grâce à une politique monétaire active complétée par une politique budgétaire, l'intervention de l'État est ainsi justifiée dès lors que la récession menace. Cependant, la période actuelle montre que la baisse des taux d'intérêt n'est pas une condition suffisante de la relance des investissements, en l'absence de perspectives de débouchés. Cela confirme l'idée de Keynes de la moindre efficacité d'une politique monétaire qui serait menée sans politique budgétaire.

Si l'incertitude régnant ne débouche pas sur le chaos généralisé, c'est qu'existent des mécanismes de stabilisation. Non pas des mécanismes de marché par le jeu de la flexibilité des prix, comme le disent les classiques et néoclassiques. Mais des mécanismes conventionnels. Une convention est un accord implicite entre les membres d'un collectif. En l'occurrence, chaque agent économique adopte l'attitude du plus grand nombre. Ce phénomène de mimétisme conduit à l'émergence d'un « jugement conventionnel », c'est-à-dire qui n'a pas d'autre raison de correspondre à la réalité que le fait qu'il la fait advenir.

Mais, pour que la stabilité l'emporte, des conventions en sens contraire doivent jouer en permanence. Comme le désir de détenir de la monnaie est en raison inverse de la confiance dans l'avenir, les capitalistes acceptent d'investir à long terme parce qu'ils savent qu'ils peuvent récupérer à court terme leur liquidité sur le marché financier, à condition de trouver un acheteur de titres acceptant de porter l'investissement, car la liquidité ne peut être vraie pour tous simultanément. Ainsi, le marché financier facilite l'investissement parce qu'il est « l'institutionnalisation de l'illusion » de la liquidité parfaite, mais il est en même temps le « foyer de la spéculation ».

Trois écoles de pensée récentes ont prolongé l'analyse de Keynes, en s'engageant toutefois sur des voies différentes, certaines avançant l'idée que, pour diminuer le chômage, l'État peut être l'employeur en dernier ressort. La première reprend l'approche de la préférence de la liquidité et l'articule avec l'analyse de l'instabilité financière de Minsky : la création monétaire est nécessaire dans une économie en croissance, mais une spirale endettement-spéculation conduit à l'instabilité financière ; cette analyse a été largement illustrée par la récente crise financière globale. L'école circuitiste perpétue l'héritage de Keynes à propos de l'économie monétaire de production : la monnaie est injectée dans l'économie lorsque les banques accordent un crédit aux entreprises pour financer la production ; les revenus ainsi créés sont ensuite dépensés pour épuiser le produit ainsi créé. Enfin, l'approche néochartaliste (ou *Modern Monetary Theory*) confère un rôle primordial à l'État et à la dette publique dans la création monétaire.

Ces disciples keynésiens s'accordent sur trois points : 1. la monnaie est endogène ; ce n'est pas la banque centrale qui détermine la quantité de monnaie en circulation ; 2. l'action de l'État d'un côté et la détention de la monnaie de l'autre sont des « digues » qui protègent de l'incertitude radicale sans toutefois l'éliminer : « La monnaie envisagée dans ses attributs importants est surtout un procédé subtil pour relier le présent au futur[1] » ; 3. la détention de monnaie exprime la préférence pour la liquidité des acteurs économiques.

La théorie chartaliste de la monnaie

L'idée principale de la théorie chartaliste de la monnaie est qu'elle est une création de l'État. Son origine remonte au début du xxe siècle, avec les travaux de Georg Friedrich Knapp et Alfred Mitchell-Innes. Ceux-ci regrettent que le souverain s'encombre de contraintes monétaires inutiles, telles que la convertibilité en or, à taux fixe, ou l'emprunt auprès du public. L'État a, en effet, le pouvoir de créer la monnaie en dépensant, puis celui de la détruire à travers le prélèvement de taxes libellées exclusivement dans l'unité de compte qu'il a définie.

John Maynard Keynes s'inspire, en partie, de la théorie chartaliste. La monnaie sert d'abord à compter et il y a nécessité d'une unité de compte unique sur un territoire, que seul le souverain peut imposer.

La fin des années 1990 connaît un approfondissement et un renouveau important de cette approche. Les néochartalistes, sous l'influence par ailleurs des travaux de la finance fonctionnelle de Abba Lerner et de l'instabilité financière de Hyman Minsky, se retrouvent dans le corpus appelé la « théorie monétaire moderne » (MMT ou *Modern Monetary Theory*). Emmenés par R. Wray, ils expliquent que l'État n'a pas de contrainte financière, qu'une économie en croissance requiert des déficits publics, et qu'il n'y aura jamais à rembourser cette dette publique.

Ce courant va donc bien au-delà de la théorie monétaire. Il avance des recommandations de politiques économiques que l'on peut résumer par les trois piliers suivants : 1. l'importance accordée à la souveraineté monétaire, qui se traduit,

1. John Maynard Keynes, *Théorie générale*, *op. cit.*, p. 297.

d'une part, par la préférence d'un endettement en monnaie nationale plutôt qu'en devises, et, d'autre part, par une garantie de la dette publique par la banque centrale, et même par la monétisation du déficit budgétaire ; 2. une vision radicale du déficit budgétaire, l'État n'ayant pas à rembourser sa dette ; 3. la défense du principe de l'État comme « employeur en dernier ressort » pour résoudre le chômage de masse. Selon cette approche, l'État et les collectivités locales doivent s'engager à fournir un emploi à tous ceux qui sont prêts à travailler au salaire de base du secteur public et, éventuellement, au-delà, en fonction des qualifications requises pour les emplois proposés.

En dépit de certaines intuitions justes, comme le fait que la dette publique puisse se renouveler et se perpétuer, la thèse chartaliste ignore que la demande de monnaie ne peut se réduire à celle de l'État, car elle émane de l'ensemble des agents économiques, et qu'elle doit donc être acceptée par les agents privés (voir l'encadré 2.4).

Vers une conception socio-économique de la monnaie

Le présent livre se réfère à une conception de la monnaie qui se situe dans le sillage de l'anthropologie de Mauss, de celui de Marx, de Keynes, de Polanyi. C'est un courant large qui va d'un marxisme rénové au postkeynésianisme, marqué notamment par les noms de Michał Kalecki et de Hyman Minsky (voir les chapitres suivants). La monnaie est au cœur des contradictions de l'économie capitaliste qui est une économie monétaire de production, de ses crises et de ses cycles. Parce qu'elle est un enjeu au sein des rapports sociaux et de leur évolution, elle doit être un instrument maîtrisé par la collectivité et elle peut alors être un levier de l'action politique.

CHAPITRE 2

La création monétaire

Les économies modernes sont des économies monétaires, en ce sens que les entreprises produisent pour le marché, vendent leur production, distribuent des salaires et des dividendes sous forme monétaire ; les avoirs financiers et les dettes sont exprimés en monnaie. Il existe certes des activités où la monnaie n'intervient pas directement, que ce soit la vie familiale, amicale ou sentimentale. Mais, même les services non marchands sont évalués monétairement et donnent lieu à des prélèvements obligatoires en monnaie.

La création monétaire est donc un enjeu important, qui a donné lieu à des approches opposées. L'objet de ce chapitre est double : en premier lieu, analyser les mécanismes de la création monétaire et les acteurs qui en sont responsables, en essayant de coller à la réalité des économies modernes ; il s'agit, en second lieu, de présenter les principales approches de la création monétaire, et les débats auxquels cette question a donné lieu.

1. COMMENT LA MONNAIE EST-ELLE CRÉÉE ?

Dans une économie monétaire, le système bancaire pris dans son ensemble, composé des banques commerciales et de la banque centrale, a la capacité d'offrir du crédit, et ce faisant de créer de la monnaie, donc de distribuer du pouvoir d'achat potentiel, de façon presque illimitée. Il n'est pas contraint par de l'épargne préalable ou par des dépôts préexistants[1].

1. La monnaie est créée par le crédit

Pour le comprendre, commençons par supposer que le système bancaire soit composé d'une banque unique. Prenons le cas d'une entreprise qui emprunte auprès de sa banque. La monnaie créée se concrétise par une inscription simultanée au passif de la banque (la monnaie est une dette de la banque, sous forme d'un dépôt à vue, DAV), et d'un avoir à l'actif de l'entreprise qui pourra dépenser celui-ci.

Banque		**Entreprise**	
Actif	***Passif***	***Actif***	***Passif***
Crédit : +100	DAV : +100	Avoir à la Banque : +100	Dette : +100

Ce crédit est une créance de la banque, et simultanément une dette de l'entreprise. Le remboursement du crédit aboutira, de façon symétrique, à une destruction de monnaie. À l'échelle de l'économie dans son ensemble, la masse monétaire – constituée essentiellement de monnaie scripturale sous forme de DAV – s'accroît lorsque les crédits nouveaux sont supérieurs aux remboursements.

Les systèmes bancaires contemporains sont composés d'une multiplicité de banques. Chaque banque émet sa propre monnaie (la monnaie « Société générale », la

1. Pour plus de détail, voir Dominique Plihon, *La Monnaie et ses mécanismes*, La Découverte, « Repères », n° 295, 7e éd., 2017.

monnaie « Crédit agricole »...) et toute banque est tenue d'assurer la conversion de « sa » monnaie dans celles des autres banques. Cette contrainte de convertibilité des monnaies bancaires les unes dans les autres constitue une « fuite » pour chaque banque qui vient limiter son pouvoir de création monétaire.

Supposons que la Société générale crée 100 euros à la suite d'un crédit accordé à l'entreprise Renault (1) et que cette dernière utilise ce crédit à hauteur de 50 pour payer son fournisseur de pneumatiques Michelin (2). Michelin est client du Crédit agricole qui reçoit ces 50 euros en dépôt. La Société générale subit une « fuite » de 50 euros qu'elle finance par un emprunt auprès du Crédit agricole sur le marché dit « interbancaire » (3), selon les écritures suivantes :

Société générale		**Crédit agricole**	
Actif	***Passif***	***Actif***	***Passif***
(1) Crédit : +100	(1) DAV : +100 (2) DAV : –50 (3) Dette envers CA : +50	(3) Créance sur SG : +50	(2) DAV de Michelin : +50

Renault		**Michelin**	
Actif	***Passif***	***Actif***	***Passif***
(1) Avoir à SG : +100 (2) Avoir à SG : –50	(1) Dette : +100 Résultat : –50	(2) Avoir au CA : +50	Résultat : +50

2. La banque centrale et la monnaie fiduciaire

Dans nos sociétés, nous utilisons plusieurs formes de monnaie. Les principales sont la monnaie scripturale (les DAV) dont il vient d'être question, la monnaie fiduciaire composée de billets et de monnaies divisionnaires (les pièces de monnaie). L'émission de monnaie fiduciaire est le monopole de la banque centrale, souvent qualifiée pour cette raison d'« institut d'émission ». Les banques, de leur côté, ont le monopole de la création de monnaie scripturale. Ce privilège n'est accordé qu'aux établissements qui ont reçu un « agrément » des autorités monétaires, pour la mise à disposition du public de moyens de paiement.

Le pouvoir de création monétaire est limité par une deuxième « fuite », à côté de celle liée à la conversion entre monnaies bancaires mentionnée précédemment : les banques doivent répondre aux demandes de retraits de billets, et assurer la conversion de la monnaie scripturale en monnaie fiduciaire.

Supposons qu'une banque crée de la monnaie scripturale à hauteur de 100 euros, à la suite d'un crédit accordé à un particulier (1). Ce dernier décide ensuite (2) de convertir ses avoirs en billets pour un montant de 30 euros. La banque subit une « fuite » de 30 euros correspondant aux billets qu'elle doit se procurer auprès de la banque centrale. Son compte à la banque centrale est débité d'autant (3), selon les écritures ci-dessous.

Le rôle de la banque centrale ne se limite pas à l'émission de monnaie fiduciaire. La banque centrale assure également le « bouclage » de la liquidité du système bancaire. Comme chaque banque dispose d'un compte auprès d'elle, toute banque en situation d'excédent peut y placer sa liquidité. Inversement, si une banque est en manque de liquidité, elle peut l'emprunter soit auprès de la banque centrale, soit directement auprès des autres banques sur le marché interbancaire. En définitive, les déficits des unes sont compensés pas les excédents des autres. Globalement, la banque centrale assure par son refinancement l'équilibre du marché monétaire au taux qu'elle choisit, selon des critères macroéconomiques.

Banque		**Particulier**	
Actif	*Passif*	*Actif*	*Passif*
(1) Crédit : +100	(1) DAV : +100	(1) Avoir à la Banque : +100	(1) Dette : +100
	(2) DAV : – 30	(2) Avoir à la Banque : – 30 Billets : +30	
(3) Compte à la banque centrale : – 30			

Banque centrale	
Actif	*Passif*
	(2) Billets : +30 (3) Compte de la banque : – 30

Comme on le verra au chapitre 4, la banque centrale exerce deux autres fonctions majeures dans l'économie :

– La banque centrale est, en premier lieu, responsable du bon fonctionnement du système des paiements. En tant que banque des banques, elle veille d'abord à l'unité du système bancaire : cela signifie, d'une part, que les dépôts dans chaque banque et les billets peuvent être utilisés comme moyens de paiement avec la même fiabilité, et qu'ainsi les banques peuvent accepter sans crainte les ordres de virement provenant des autres banques et donc qu'elles peuvent se faire crédit entre elles. D'autre part, c'est la banque centrale qui agrée les banques et leur impose les contraintes particulières correspondant aux objectifs qu'elle a fixés (réserves obligatoires sur les dépôts, ratios de solvabilité ou de liquidité). Un bon fonctionnement du système des paiements, un système de garantie des dépôts (jusqu'à un certain montant), des banques qui peuvent se refinancer auprès de la banque centrale et obtenir auprès d'elle la monnaie fiduciaire (les billets de banque) dont elles ont besoin contribuent à entretenir la confiance et à assurer la stabilité du système bancaire.

– La banque centrale a, en second lieu, la responsabilité de la politique monétaire, qu'on peut définir rapidement comme la politique visant à faire correspondre la distribution du crédit et les besoins de l'économie, notamment en veillant à ce que la quantité de monnaie créée par les banques soit cohérente avec l'objectif de stabilité monétaire. De plus, la banque centrale agit, au moins indirectement, sur la stabilité du taux de change vis-à-vis des autres devises. Nous étudierons cela en détail dans le chapitre 4.

3. Représentation simplifiée du processus de création monétaire

Considérons les principales opérations de la banque centrale et des banques commerciales à partir de leurs bilans simplifiés, représentés dans le tableau ci-après. L'actif de la banque centrale comprend le refinancement des banques commerciales (RF) et le crédit à l'État (TR) ; le passif se décompose en billets (BI = monnaie fiduciaire) et les dépôts des banques au titre des réserves obligatoires (RO) ou éventuellement de réserves simples. Les emplois (actif) des banques commerciales sont composés des réserves obligatoires (RO) et des crédits (CB) ; leurs ressources (passif) comprennent les dépôts (DAV) et le refinancement auprès de la banque centrale (RF).

Banque centrale		**Banques commerciales**	
Actif	*Passif*	*Actif*	*Passif*
RF TR	BI RO	RO CB	DAV RF

La consolidation de l'actif et du passif du système bancaire (banques commerciales et banque centrale) donne l'égalité comptable :

$$(1)\ CB + TR = BI + DAV = M$$

L'égalité (1) donne les deux composantes (BI) et (DAV) de la masse monétaire (M), et les deux sources (ou contreparties) de la masse monétaire (CB et TR). La base monétaire ou monnaie centrale (MC) correspond au passif de la banque centrale :

$$(2)\ MC = BI + RO$$

La banque centrale crée de la monnaie centrale à partir de ses opérations de refinancement des banques (RF) et de ses crédits propres, limités ici à des crédits à l'État (TR).

2. DEUX CONCEPTIONS OPPOSÉES DE LA CRÉATION MONÉTAIRE

Les économistes se partagent en deux points de vue sur le rôle de la banque centrale dans la création monétaire. Pour les uns, la banque centrale contrôle la quantité de monnaie créée, la monnaie est dite « exogène », comme le prétendent les monétaristes. Pour d'autres, notamment les économistes keynésiens, la création monétaire est «endogène» et dépend d'abord des besoins de financement de l'économie. La banque centrale influence indirectement la création monétaire par son action sur les taux d'intérêt directeurs.

On peut représenter ces deux conceptions opposées à partir des relations précédentes. Selon la théorie monétariste, la monnaie est exogène ; la banque centrale contrôle la monnaie en circulation M en faisant varier la monnaie centrale MC : donc MC → M. C'est la théorie du multiplicateur monétaire. Selon l'approche alternative, défendue par les keynésiens, la création monétaire est endogène, c'est-à-dire déterminée par les besoins de financement de l'économie. La causalité est inversée : M → MC. La banque centrale s'adapte aux besoins de l'économie. Le multiplicateur de base monétaire devient le diviseur de crédit :

(6) $MC = d \,.\, M$ avec $d = 1/k$ (voir l'encadré 2.1).

ENCADRÉ 2.1

Multiplicateur ou diviseur du crédit ?

Les termes *multiplicateur de base monétaire* et *diviseur de crédit* renvoient aux deux conceptions de la création monétaire. Ces conceptions sont deux réponses opposées à la même question essentielle en économie, qui nous préoccupe dans cet ouvrage : qui provoque la création monétaire ? D'autres questions surgissent immanquablement. La banque centrale contrôle-t-elle exactement la monnaie en circulation ? Si ce n'est pas le cas, quels acteurs jouent un rôle clé ? Cela implique-t-il que la banque centrale ne soit pas influente ?

Pour comprendre les mécanismes en œuvre, postulons que les billets sont détenus dans une proportion stable →

($b < 1$) de la masse monétaire. À la suite de nos équations (1) et (2) présentées précédemment, on peut écrire :

(3) $BI = b \cdot M$

Postulons ensuite que les réserves obligatoires sont fixées par la banque centrale dans une proportion ($r < 1$) des dépôts. S'ensuit la relation suivante :

(4) $RO = r. DAV = r. (M-BI)$

En combinant les quatre relations précédentes, on obtient une formule telle que :

(5) $M = k \cdot MC$

que l'on peut aussi bien écrire sous la forme

(6) $MC = M/k$ avec $k = 1/(b + r\,[1 - b])$

où $k > 1$ car $b < 1$ et $r < 1$

Mais quelle relation causale faut-il donner à ces formules ? Exprimée sous la forme (5), elle indique que la masse monétaire M est une multiplication par k de la monnaie centrale MC (qu'on appelle aussi la base monétaire et qui figure au passif du bilan de la banque centrale). Dans cette conception, la banque centrale, en contrôlant son passif (en modulant le taux de réserve obligatoire, en limitant l'émission de billets et de pièces), parviendrait à contrôler le montant des moyens de paiement à disposition des agents non financiers. La banque centrale joue, seule, un rôle décisif ; en multipliant par k le passif de la banque centrale, on obtient le montant de la masse monétaire (d'où l'expression *multiplicateur de base monétaire*).

Mais exprimée sous la forme (6), notre relation indique maintenant que le montant de monnaie centrale est obtenu par la division par k de la masse monétaire M. Ici, c'est le montant de la monnaie centrale qui est déterminé par les montants de crédits alloués par les banques commerciales ; les banques commerciales jouent alors le rôle décisif. Et c'est en divisant par k la masse monétaire qu'on détermine le montant de la base monétaire (d'où le terme de *diviseur de crédit*).

→

Trancher entre ces deux formulations suppose d'examiner les deux conceptions de la création de monnaie ; le multiplicateur de base monétaire correspond à la conception de la monnaie exogène, le diviseur de crédit à celle de la monnaie endogène.

La monnaie est regardée comme exogène quand sa création dépend de facteurs externes à l'économie, tandis que la monnaie est considérée comme endogène lorsque sa création est directement liée à l'économie et à ses besoins de financement. Ces visions antagoniques sont liées à deux séries de facteurs ; d'une part, à des approches théoriques différentes quant à la nature et à la détermination de la monnaie et, d'autre part, à l'évolution historique et institutionnelle dans laquelle s'exerce la création monétaire.

1. La monnaie exogène et l'école monétariste

Les monétaristes donnent un rôle précis et limité à la monnaie, qui est de faciliter les échanges des biens et services produits. La monnaie est considérée par Milton Friedman, chef de file de ce courant, comme un instrument de « détention temporaire du pouvoir d'achat » en vue d'effectuer des dépenses futures[1]. Selon cette approche, les agents économiques détiennent de la monnaie M uniquement pour effectuer des transactions, c'est-à-dire acheter des biens et services.

Les monétaristes contemporains sont les héritiers de la théorie quantitative de la monnaie, dont la formulation la plus connue est l'équation des échanges, énoncée par

1. Milton Friedman définit la monnaie comme « *a temporary abode of purchasing power* ».

Irving Fisher en 1905 : MV = PT. Cette équation est une identité comptable : par définition, la valeur des transactions (c'est-à-dire les prix P multipliés par le volume des transactions T, une grandeur qui évolue comme la production) est égale à la quantité d'unités monétaires (M, la masse monétaire) multipliée par la vitesse de circulation de la monnaie V (c'est-à-dire le nombre de paiements effectués par chaque unité monétaire).

Les partisans de la théorie quantitative et les monétaristes soutiennent, en premier lieu, que la monnaie est exogène, car sa quantité est fixée par les autorités monétaires ; et, en second lieu, que la monnaie est neutre, car elle n'agit pas sur la quantité produite T, mais uniquement sur les prix P. Selon l'équation des échanges ci-dessus, si la production T est fixe, ainsi que V qui reflète des habitudes de paiement, une augmentation de la masse monétaire M entraînera une hausse des prix P dans les mêmes proportions. Selon la vision monétariste, l'inflation est d'origine monétaire, liée à un excès de monnaie dans l'économie. Cette thèse a été amendée par l'école anglaise de Cambridge qui introduit le comportement de détention d'encaisses monétaires des agents économiques (voir l'encadré 2.2). Selon cette approche, la quantité de monnaie en circulation et le niveau des prix ne dépendent pas uniquement du choix des autorités monétaires, mais aussi du comportement des agents économiques.

La conception monétariste selon laquelle la monnaie est exogène était dominante au XIXe siècle. Elle s'inscrivait dans le cadre du régime monétaire de l'étalon-or, qui a fonctionné jusqu'en 1914, dans lequel la monnaie devait être gagée sur le stock d'or détenu par le système bancaire. Mais cette vision a donné lieu à une controverse : d'un côté les partisans du *currency principle*, dont Adam Smith et David Ricardo, défendaient le rattachement strict de l'émission monétaire au stock d'or détenu par la

ENCADRÉ 2.2

L'équation des échanges

L'équation des échanges de Fisher a été réécrite en 1922 par Alfred Marshall et Arthur Cecil Pigou, deux économistes de la tradition néoclassique, sous la forme : M = kPY ; où k = 1 / V (avec k < 1 car V > 1), et PY est le revenu, égal à la valeur de la production. Cette nouvelle formulation a été qualifiée d'équation de Cambridge (université de ces deux économistes). Cette équation exprime deux idées : d'une part, la monnaie M est détenue pour effectuer des transactions ; d'autre part, les agents économiques détiennent ces encaisses monétaires en fonction de leur revenu PY, dans une certaine proportion k < 1 (définie par les habitudes de paiements). Ce qui est nouveau dans cette approche est l'introduction du comportement de détention de monnaie par les agents économiques. L'équation montre que trois facteurs motivent ce choix : le niveau du revenu réel (Y), celui des prix (P) et la proportion (k) du revenu nominal (PY) que les agents économiques souhaitent détenir sous forme d'encaisses monétaires pour effectuer leurs transactions. C'est ce que Keynes qualifiera par la suite de « motif de transactions ».

Banque d'Angleterre, rendant la monnaie exogène. Les partisans du *banking principle*, dont Thomas Tooke et Henry Thornton, étaient au contraire les promoteurs de la position de la monnaie endogène, selon laquelle l'émission monétaire devait répondre d'abord aux besoins de l'économie. L'acte de Peel (1844) donna d'abord satisfaction aux défenseurs du *currency principle* en ce sens qu'il contraint la création monétaire dans le cadre du régime de l'étalon-or : la monnaie ne doit être émise qu'en contrepartie du stock d'or détenu par le système bancaire. Mais l'évolution du système monétaire contemporain et le développement de la monnaie de crédit ont fait voler en éclats cette conception de la monnaie exogène.

2. La monnaie de crédit endogène

Avec l'expansion des banques commerciales depuis la fin du XIXe siècle, et plus encore au XXe siècle, le crédit bancaire est devenu la principale source de création monétaire, selon l'adage « les crédits font les dépôts ». S'est alors développée une nouvelle forme de monnaie, dite « monnaie de crédit », institution centrale du capitalisme, comme l'a bien montré Schumpeter[1]. Les modalités de la création monétaire se sont alors transformées, se rapprochant des préceptes du *banking principle*. Dans ce régime monétaire, dominant aujourd'hui, les banques distribuent du crédit pour satisfaire les besoins de financement de l'économie. La création monétaire est donc endogène. Et les banques deviennent les acteurs centraux du processus de création monétaire.

Selon les économistes keynésiens, défenseurs de la monnaie endogène, les banques fixent le taux d'intérêt des crédits qu'elles distribuent, et satisfont la demande de crédit des agents non bancaires (entreprises, ménages, État) à ce taux. Cette vision met l'accent sur la demande des agents économiques et leurs besoins de financement. L'hypothèse implicite est faite que ces derniers peuvent individuellement financer leurs investissements non seulement par leur capacité d'autofinancement (c'est l'épargne des entreprises), mais aussi par le crédit. Dans ce schéma, la demande au cours d'une période n'a aucune raison d'être égale à l'offre *ex ante*, avant tout ajustement économique. Certes, le produit se répartit *ex post* entre salaires,

1. Joseph A. Schumpeter, *Théorie de l'évolution économique*, 1926, Dalloz, 1999.

ENCADRÉ 2.3

Le sens du taux d'intérêt

Plusieurs interprétations du taux d'intérêt sont possibles. On peut y voir le prix du risque que le prêteur court : sera-t-il remboursé ou non ? Ou bien le prix du temps, c'est-à-dire l'anticipation des revenus futurs et, comme le disent les classiques et les néoclassiques, la récompense de la renonciation à la consommation immédiate. L'Église catholique au Moyen Âge condamnait le prêt à intérêt, pratiqué souvent à taux usuraire, au motif que le temps n'appartiendrait qu'à Dieu. On peut au contraire considérer l'intérêt comme le prix du renoncement à la liquidité. À ce sujet, Keynes a montré que la satisfaction de la « préférence pour la liquidité » variait en sens inverse du taux d'intérêt. Que signifie cette notion et pourquoi varie-t-elle ainsi ?

D'abord, plus le taux d'intérêt est faible, moins l'on renonce à une rémunération alléchante (on dit qu'il y a un coût d'opportunité faible), et donc plus la préférence pour la liquidité peut être satisfaite. Inversement, plus le taux d'intérêt est élevé, plus la préférence pour la liquidité est faible car la satisfaire serait coûteux.

Ensuite, plus le taux d'intérêt est bas, plus la probabilité qu'il remonte est grande, et donc il vaut mieux garder des encaisses monétaires plutôt que de risquer d'enregistrer des pertes sur le cours des obligations que l'on achèterait.

Se dégagent donc deux premières interprétations du taux d'intérêt. La première, dite « réelle », est celle des économistes classiques et néoclassiques. Elle procède d'une conception où c'est l'existence d'une épargne réelle (faite de biens de production prêts à l'emploi) qui permet l'investissement : les agents économiques arbitrent entre consommer ou épargner pour investir (voir l'annexe au chapitre 1 « Les différentes théories économiques de la monnaie »). Le taux d'intérêt est dans ce cas le prix d'équilibre entre l'épargne (offre de capital) et l'investissement (demande de capital). La seconde conception, dite « monétaire », est celle des économistes keynésiens qui considèrent que la décision d'investir, et donc la production et l'emploi, dépend des anticipations de la demande par les entreprises. Les ménages ont une propension à consommer leur revenu. Le taux d'intérêt influence l'affectation du reste du revenu non consommé, entre différents supports d'épargne. Cette conception est liée à celle de la monnaie dite endogène dont les premiers jalons sur l'économie de crédit furent posés par Wicksell et Fisher[1] (voir aussi le chapitre 3).

Mais ces interprétations laissent en suspens une question : d'où vient la valeur échouant dans les mains des créanciers sous forme d'intérêts, autrement dit, de quelle contrepartie sont ces intérêts ? L'ensemble de la plus-value produite dans le système productif par la force de travail est partagée en plusieurs catégories de profits : les profits restant dans les entreprises, ceux versés aux actionnaires sous forme de dividendes et ceux versés aux créanciers sous forme d'intérêts. Les crédits octroyés avaient anticipé l'activité productive[2], la vente des marchandises a validé celle-ci, et la répartition des revenus monétaires engendrés par cette activité s'opère entre travail et capital, ainsi qu'entre les divers apporteurs de capital.

1. Knut Wicksell, *Interest and Prices. A Study of the Causes Regulating the Value of Money*, 1898, Londres, MacMillan and Co, 1936. Irving Fisher, « La théorie des grandes dépressions par la dette et la déflation », 1933, traduction française dans la *Revue française d'économie*, vol. 3, n° 3, été 1988, p. 159-182.

2. On laisse de côté pour l'instant les activités purement financières, notamment spéculatives.

dividendes, profit non distribué et impôts ; et la demande se compose de consommation, investissement et dépenses publiques. Mais la consommation est égale au revenu des ménages (salaires plus dividendes) moins leur épargne brute (monnaie ou titres), plus leur endettement nouveau ; l'investissement des entreprises est égal à leur autofinancement plus leurs nouveaux crédits ; les dépenses publiques peuvent être financées par des impôts ou du crédit : en économie monétaire, il n'y a aucun automatisme qui ferait que la demande est égale à une offre prédéterminée. Le crédit contribue ainsi à l'ajustement entre l'offre et la demande au niveau macroéconomique.

Le point de vue de la monnaie exogène est aujourd'hui considéré comme erroné par la majorité des économistes. D'une part, la banque centrale ne contrôle pas directement la quantité de monnaie en circulation. Elle ne fait qu'agir sur le taux d'intérêt auquel elle prête aux banques, comme on le verra plus loin au chapitre 4. D'autre part, les banques ne sont pas contraintes en distribuant leurs crédits par le montant du refinancement nécessaire. Elles savent qu'elles pourront emprunter à d'autres banques excédentaires, ou auprès de la banque centrale. Dans ces conditions, la décision de créer de la monnaie vient des banques à l'occasion de leurs opérations de crédit, de sorte qu'il n'y a pas de multiplicateur monétaire. Comme on l'a vu plus haut, il existe en revanche un diviseur, en ce sens que la décision d'accorder du crédit induit un montant de refinancement plus faible que le crédit accordé : chaque fois que les banques accordent 100 de crédit, elles doivent augmenter de 10 environ le refinancement qu'elles demandent à la banque centrale, pour satisfaire leurs obligations en matière de réserves obligatoires et répondre à la demande de billets (monnaie fiduciaire), dont la banque centrale a le monopole d'émission. Cette dépendance permet à la banque centrale d'influencer le comportement des banques.

Aujourd'hui, les banques centrales ont abandonné l'objectif de contrôle de la masse monétaire, donnant raison à l'analyse en termes de diviseur monétaire. Par leurs opérations de refinancement des banques sur le marché monétaire, les banques centrales cherchent à contrôler les taux d'intérêt, qui sont le principal canal d'action de la politique monétaire menée par les banques centrales.

Lorsque la dépression économique menace ou est déjà là, les taux d'intérêt peuvent être réduits, jusqu'à zéro dans certains cas, comme ce fut le cas à la suite de la crise de 2007, mais cela ne suffit généralement pas à relancer l'économie si aucune perspective de demande n'incite les entreprises à investir, au point de rendre nécessaire, selon Keynes, l'investissement de l'État. En situation inverse de surchauffe, les autorités sont obligées d'arbitrer entre réduire les dépenses publiques, augmenter les impôts et augmenter les taux d'intérêt. Dans le cas où coexistent une forte inflation et une demande dépressive, comme dans les années 1970-1980, les banques centrales et les États se sont tournés vers des politiques laissant filer le chômage pour affaiblir les salariés, faire baisser les salaires et augmenter le profit des entreprises.

3. LA CRÉATION MONÉTAIRE AFFECTÉE PAR LA FINANCIARISATION

Intégrons maintenant notre analyse de la monnaie en prenant en considération l'ensemble des activités financières. Le capitalisme financier contemporain est allé de pair avec la montée en puissance des marchés financiers, sur lesquels les banques sont très actives, ce qui a transformé leur fonctionnement, comme on le verra plus en détail au chapitre 5. L'impact de la financiarisation sur le processus de création monétaire a été considérable, ce qui est illustré par l'évolution du bilan consolidé des banques, décrite par le tableau ci-dessous.

Évolution de la structure des bilans des banques françaises (1980-2014)

	1980	2000	2006	2010	2014
Actif (en %)					
Crédits à la clientèle	84	41	30	38	34,6
Titres	5	45	55	37	37,3
Valeurs immobilisées	9	7	5	10	6,5
Divers	2	7	10	15	15,6
Opérations interbancaires (solde)	-	-	-	-	6
Passif (en %)					
Dépôts de la clientèle	73	26	24	34	34,5
Titres	6	48	54	42	41,9
Divers	0	7	10	14	15,6
Fonds propres et provisions	8	9	7	10	8,5
Opérations interbancaires (solde)	13	10	5	-	-

SOURCES : Plihon (2017) et ACPR-Banque de France (2014) https://acpr.banque-france.fr/fileadmin/user_upload/acp/publications/rapports-annuels/20151007_Rapport_chiffre_2014_Banque.pdf.

On constate que le poids relatif des crédits et des dépôts dans le bilan consolidé des banques a fortement baissé : de 1980 à 2014, la part des crédits à la clientèle est passée de 84 % à 34,6 %, tandis que la part des dépôts a chuté de 73 % à 34,5 %. Mais, dans le même temps, les banques ont élargi la gamme de leurs opérations sur les marchés de titres. En effet, celles-ci participent de plus en plus au financement de l'économie par l'achat de titres, notamment de valeurs mobilières (actions, obligations). Ainsi, à l'actif des banques, la part des titres a été multipliée par plus de sept, passant de 5 % à 37,3 % de 1980 à 2014. Parallèlement, les banques ont émis une proportion croissante des dettes sous forme de titres, de sorte qu'au passif la part des dépôts bancaires, qui constitue la monnaie scripturale, était devenue en 2014 moins importante que la dette sous forme de titres (41,9 %), dont une partie – les certificats de dépôts – figure dans l'agrégat monétaire M3.

Une double conclusion se dégage de ces données. En premier lieu, les banques françaises financent actuellement l'économie à parts pratiquement égales par des crédits bancaires et l'achat de titres émis par les entreprises et l'État. Ce qui signifie que la création monétaire a désormais pour origine les crédits bancaires traditionnels, d'une part, et le financement de l'économie par l'achat de titres, d'autre part, lorsque la banque crédite le compte des émetteurs de titres en créant de la monnaie.

La seconde conclusion est liée à la déformation du passif bancaire : la forte baisse de la part des dépôts bancaires est également très révélatrice des nouveaux comportements bancaires dans le contexte de la financiarisation. Les banques proposent à leurs clients la possibilité de dépôts à vue qui ne sont pas rémunérés, mais qui fournissent des services de trésorerie et servent aux opérations de paiements (c'est la monnaie scripturale). Les banques ont été amenées également à proposer des dépôts à terme ou des comptes sur livrets, qui rapportent un certain taux d'intérêt, puis des placements dans les Organismes de placement collectif en valeurs mobilières (OPCVM), qui détiennent des titres du marché monétaire, des obligations et des actions. Les ménages peuvent également placer leur épargne dans des institutions financières non bancaires, comme les compagnies d'assurances ou des fonds d'investissement, qui investissent cette épargne dans des titres émis par les entreprises et l'État. Ces nouveaux actifs ne sont pas inclus dans les agrégats monétaires étroits (M1 ou M2), car ils ne peuvent servir directement de moyens de paiement. En revanche, ils figurent dans l'agrégat monétaire large (M3), car ils sont liquides et peuvent être aisément, à court terme, transformés en moyens de paiement.

4. LA CRÉATION MONÉTAIRE ET L'ÉTAT

Dans la période de reconstruction d'après-guerre, le financement de l'économie était assuré par un système ingénieux. Le circuit du Trésor (voir l'encadré 2.4) canalisait l'épargne populaire par le biais de l'obligation faite aux banques de souscrire à un minimum de bons du Trésor en proportion de leurs propres dépôts recueillis auprès des clients. Dans ce contexte, la banque centrale était la garante du financement de l'État et, si besoin, elle lui procurait des avances à taux zéro ou refinançait immédiatement les acheteurs de bons du Trésor. À cette époque, la masse monétaire avait donc une contrepartie importante sous forme de créances sur l'État.

Depuis que le circuit du Trésor utilisé après-guerre est tombé en désuétude et que l'État est tenu de financer ses déficits en empruntant sur les marchés financiers, il émet en abondance des titres de la dette publique, dont sont très friandes les banques et autres institutions financières, parce qu'ils sont généralement considérés comme sans risque et rémunérateurs.

ENCADRÉ 2.4

Le circuit du Trésor et le pôle financier semi-public

Après la Seconde Guerre mondiale, les pouvoirs publics français ont mis en place un système efficace de financement public. Destiné au départ à assurer la reconstruction de l'économie, ce système a ensuite largement contribué au financement de sa modernisation. La première étape a été la création du « circuit du Trésor », composé de la Caisse des dépôts et consignations, des Caisses d'épargne, de La Poste et du Trésor public. Ce circuit, contrôlé par l'État, a occupé une place centrale dans le système de financement de l'économie. Les banques sont tenues de souscrire aux bons du Trésor à hauteur d'une proportion – appelée « plancher » – des dépôts qu'elles ont elles-mêmes recueillis auprès de leurs clients. En 1960, le circuit du Trésor collecte 53,2 % des liquidités et distribue 44,8 % des crédits à l'économie ; à partir de l'épargne populaire ainsi centralisée, l'État peut financer l'économie à prix très réduit, pendant que la Banque de France garantit les dettes publiques, voire procure des avances à l'État à taux zéro.

À côté du circuit du Trésor, les pouvoirs publics ont créé un pôle financier public, composé d'institutions financières spécialisées (IFS), dont les plus importantes sont le Crédit national, le Crédit d'équipement des PME (CEPME), les sociétés de développement régional (SDR), la Caisse d'équipement des collectivités locales (CAECL). Ce pôle financier était destiné à financer des secteurs stratégiques, tels que l'industrie (Crédit national), les PME, et les collectivités territoriales (SDR et CAECL).

L'arrivée de la gauche au pouvoir en 1981 fait apparaître une contradiction. D'un côté, depuis plusieurs années déjà, le circuit du Trésor avait été peu à peu démantelé au fur et à mesure que s'imposaient les prérogatives du marché. De l'autre, en appliquant son programme commun de

→

gouvernement, la gauche commence par renforcer l'intervention de l'État dans le secteur bancaire en 1982. Le nouveau gouvernement nationalise 39 banques françaises : le secteur public bancaire couvre alors 90,5 % des guichets et 85 % des dépôts. La création de grands groupes bancaires publics est considérée alors comme la solution la plus appropriée pour assurer la stabilité et l'efficacité du système bancaire.

Les politiques néolibérales appliquées à partir du milieu des années 1980 ont entraîné la privatisation des banques et des IFS et ont abouti au démantèlement du circuit du Trésor et du pôle financier public qui avaient joué un rôle majeur dans le développement de l'économie française. Aujourd'hui, les besoins de financement considérables liés à la transition énergétique rendent nécessaire la mise en place d'un nouveau système public de financement, car les acteurs bancaires et financiers privés, prisonniers de leur logique court-termiste, seront dans l'incapacité de financer les investissements de long terme indispensables.

C'est très progressivement que les instruments de politique monétaire ont été transformés. Dès 1936 en France, un décret interdit au Trésor public de présenter des effets à l'escompte à la Banque de France. En 1969, le rapport Marjolin-Wormser[1] préconise une régulation monétaire par le marché. La loi de 1973 précise le décret de 1936 et oblige l'État à demander un vote au Parlement pour obtenir des avances de la banque centrale[2]. Et, ce sont les ministres

1. Robert Marjolin, Jean Sadrin et Olivier Wormser, *Rapport sur le marché monétaire et les conditions de crédit*, La Documentation française, 1969.

2. Au sujet de cette loi de 1973 qui a fait couler beaucoup d'encre, Benjamin Lemoine (*L'Ordre de la dette. Enquête sur les infortunes de l'État et la prospérité du marché*, La Découverte, 2016, p. 40) écrit : « L'amendement devenu célèbre ajoutait donc un verrou juridique sur une

Bérégovoy, Fabius et Strauss-Kahn qui mettront, dans les années 1980, en application les préceptes de régulation par le marché. Peu de temps après, les traités européens, notamment celui de Maastricht (1992) instituant l'Union économique et monétaire européenne, stipulent que l'État n'a plus le droit de recourir à des avances de la banque centrale à un taux faible. Ce qui a amené l'État à se financer de plus en plus par l'émission de titres achetés par des investisseurs, en grande partie étrangers. Le traité de Maastricht interdit en principe à la Banque centrale européenne (BCE) de financer directement les États. Le fondement idéologique de cette interdiction est que ce financement par la BCE de la dette publique pourrait entraîner une création monétaire incontrôlée et nuire à l'efficacité de la politique monétaire. Mais la crise des dettes souveraines dans la zone euro, à partir de 2009, a amené la BCE à se porter acquéreuse de titres de la dette publique de pays en difficulté, notamment l'Italie et la Grèce. En fin de compte, le financement des acteurs publics a continué d'être une source de la création monétaire par le système bancaire comme on le verra plus loin dans la section 6 « Les trois sources de la création monétaire ». Il est normal et souhaitable que les banques centrales contribuent au financement de l'État. Pour autant, cela ne signifie pas que le principe d'un financement à taux zéro du déficit public doive s'imposer automatiquement en toutes circonstances. On peut rappeler, à ce sujet, que les premières banques centrales ont été créées à partir du XVIIe siècle pour financer les autorités publiques, et qu'aujourd'hui les principales banques centrales (États-Unis,

pratique – l'achat direct de bons du Trésor par la Banque de France – *dont l'interdiction allait déjà de soi*. Aux yeux du praticien des finances la formule est même un excès de zèle maladroit d'un sénateur qui, voulant faire de la surenchère dans l'orthodoxie, a repris une proscription déjà présente dans la loi de 1936 ! »

Royaume-Uni et Japon) interviennent régulièrement sur le marché de la dette publique, contribuant ainsi partiellement au financement des déficits publics (voir l'annexe au chapitre 2 « La dette »).

ENCADRÉ 2.5

La théorie du « 100 % monnaie »

La théorie prônant de confier 100 % de l'émission de monnaie à l'État trouve son origine chez Irving Fisher, elle a été par la suite développée par Maurice Allais et a trouvé aujourd'hui des partisans en Suisse sous la forme dite de la « monnaie pleine ». C'est une thèse paradoxale car, d'un côté, elle n'est pas sans rappeler la conviction de Ricardo hostile à la monnaie de banque, et, de l'autre, elle est avancée par des libéraux pour confier à l'État le monopole de toute la création monétaire.

Techniquement, cela signifie que le crédit bancaire ne donne pas lieu à émission de monnaie nouvelle. De plus, tout dépôt à vue doit être couvert en totalité par de la monnaie centrale. Les banques n'ayant plus la possibilité de créer de la monnaie, et donc de percevoir des intérêts pour couvrir leurs frais, les déposants doivent payer les banques pour les services qu'elles rendent. Par ailleurs, pour prêter à long terme, les banques doivent mobiliser une épargne préalablement constituée. Selon cette théorie, l'État y trouverait avantage parce que, étant lui-même le décideur de l'émission de monnaie, il n'aurait pas à s'acquitter d'un intérêt ; et la collectivité dans son ensemble n'aurait pas à pâtir de l'avidité des banques. Et c'est à Allais que l'on doit l'idée que nous critiquons dans ce chapitre selon laquelle les banques seraient des faux-monnayeurs.

En réalité, cette thèse supprime la spécificité de la banque centrale en ramenant en son sein l'ensemble des fonctions d'un système bancaire. Dès lors, quelle pourrait être sa

→

spécificité en matière de régulation des politiques, dès l'instant que son rôle de prêteur en dernier ressort disparaîtrait de fait (voir aussi l'encadré 2.6) ? Enfin, privées de la possibilité de faire du crédit, les banques ne peuvent plus anticiper les surplus économiques permis par les nouveaux investissements. Il s'ensuit que l'adéquation entre production nouvelle et monnaie ne pourrait intervenir qu'*ex post*, ce qui, dans une économie monétaire, est une contradiction dans les termes (dans ce cas, on ne serait plus dans une économie monétaire de production). L'émission de monnaie, à l'échelle macroéconomique, anticipe le développement économique.

5. LA CRÉATION MONÉTAIRE EN ÉCONOMIE OUVERTE

Le raisonnement tenu jusqu'ici se plaçait dans le cadre d'une économie fermée, sans échanges avec l'extérieur. Élargissons l'analyse à une économie ouverte. Les échanges de marchandises et de services avec les autres pays se résument par un solde extérieur des transactions courantes (opérations sur biens et services). S'y ajoutent les flux de capitaux, ou balance des capitaux. Le total de la balance des transactions courantes et celle des capitaux donne la balance des paiements.

Les échanges extérieurs exigeant le passage d'une monnaie en une autre, il faut convenir d'un régime de change entre les pays. En simplifiant, on peut dire qu'il y a deux régimes de change principaux, comme on le verra au dernier chapitre sur les relations monétaires internationales : les changes fixes qui ont existé dans le système monétaire international de Bretton Woods de 1944 à 1971, et les changes flottants qui se sont répandus par la suite.

En régime de changes flottants, la banque centrale n'intervient pas car c'est le marché qui détermine le cours de change. C'est la situation actuelle de l'euro qui flotte librement contre le dollar et les autres devises. Mais, en régime de changes fixes, la banque centrale est obligée de veiller à la stabilité du taux de change de la monnaie nationale par rapport aux autres. Si la balance courante est excédentaire, cela entraîne une demande nette de monnaie nationale par les opérateurs étrangers, ce qui conduit à des pressions à la hausse du taux de change. Pour éviter cette appréciation, la banque centrale crée de la monnaie pour satisfaire la demande et accumule en contrepartie des devises étrangères. Ce qui augmente ses réserves officielles de change. Symétriquement, en cas de déficit extérieur, il y a une demande nette de devises contre la monnaie nationale. Stabiliser le taux de change nécessite alors une diminution des réserves de change au bilan de la banque centrale et une destruction de monnaie nationale correspondante. On le voit, l'ouverture des économies et leur internationalisation croissante ont un impact direct sur la création monétaire, à côté de la création monétaire d'origine domestique.

La création monétaire d'origine externe peut poser un problème à la banque centrale, en agissant à l'encontre de ses objectifs domestiques. Si la banque centrale cherche à influencer le taux d'intérêt interbancaire, elle devra neutraliser les évolutions non désirées de la création monétaire. Un excédent extérieur provoque l'expansion monétaire sur un plan interne. En régime de change fixe, celle-ci pousse à la baisse le taux d'intérêt interbancaire. Inversement, un déficit extérieur provoquera une hausse du taux d'intérêt, susceptible de déprimer l'activité économique. Dans ces situations, la banque centrale peut « stériliser », c'est-à-dire neutraliser, ces évolutions non désirées de la création monétaire par des interventions sur le marché monétaire, en reprenant la liquidité excessive, ou en injectant la liquidité manquante dans l'économie[1].

6. LES TROIS SOURCES DE LA CRÉATION MONÉTAIRE

Si l'on adopte une approche globale, ou macroéconomique, de la création monétaire, on peut considérer qu'il existe trois sources principales de la création monétaire réalisée par le système bancaire, c'est-à-dire par les banques commerciales et la banque centrale. Ces trois sources correspondent respectivement au financement des opérations des agents privés domestiques (ménages et entreprises), des administrations publiques et de l'extérieur.

Comptablement, les sources de la création monétaire se retrouvent à l'actif du bilan global consolidé du système bancaire sous la forme de créances, tandis que le passif enregistre la quantité de monnaie créée, ainsi que les ressources financières (non monétaires) engendrées par ces opérations de financement.

Calculé pour l'ensemble de la zone euro, ce bilan consolidé – présenté dans le tableau ci-dessous portant sur l'année 2015 – conduit aux observations suivantes. En premier lieu, les créances du système bancaire sur l'économie privée (aux ménages et entreprises) constituent de loin la principale source de création monétaire, devant les créances sur les administrations publiques et les opérations externes. En second lieu, le principal poste du passif du système bancaire est constitué par l'agrégat monétaire large M3 (55 % du passif). Ce qui signifie que la plus grande partie des financements octroyés par le système bancaire

1. Voir Dominique Plihon, *Les Taux de change*, La Découverte, « Repères », 7e éd., 2017.

a donné lieu à de la création monétaire au sens large, car M3 comprend des actifs susceptibles d'être transformés en monnaie (voir chapitre 1). Mais une part importante de la dette des banques est également constituée par des ressources financières (par exemple des titres obligataires), autres que la monnaie mesurée par l'agrégat monétaire M3 (40 % du passif) et par le capital et les réserves (5 %).

M3 et ses contreparties – Bilan consolidé des IFM[a] de la zone euro (encours en milliards d'euros – avril 2015)

Actif		Passif	
Créances nettes sur l'extérieur	1450	M3	9860
Créances sur les ad. publiques	3699	Ressources financières	7233
Créances sur l'économie	12652	Capital, réserves et divers	708
Total	**17801**	**Total**	**17801**

(a) Institutions financières monétaires, appellation donnée aux banques.
SOURCE : Banque centrale européenne.

7. LES BANQUES SONT NÉCESSAIRES AU FONCTIONNEMENT D'UNE ÉCONOMIE MONÉTAIRE

Sous l'autorité et le contrôle de la banque centrale, les banques ordinaires gèrent les moyens de paiement. Accordant les crédits, elles recueillent en retour les dépôts, assurent la conversion d'une petite partie de ces derniers en monnaie de la banque centrale, c'est-à-dire en billets, à la demande des clients. L'unité du système des paiements est assurée par l'étroite liaison entre les banques et la banque centrale. Comme il y a obligation de verser les salaires, les pensions et tout type de revenu sur un compte bancaire, en contrepartie de cet avantage pour les banques, le système de paiements dans son ensemble garantit les dépôts des clients auprès des banques, du moins jusqu'à un certain montant (voir plus loin).

Cependant, les dépôts peuvent être de nature différente par leur durée, c'est-à-dire par leur degré de liquidité. Les dépôts à vue sont immédiatement liquides et utilisables comme moyen de paiement, au contraire des dépôts à terme. Or, les crédits qui en sont à l'origine ont été quant à eux accordés sur le moyen et le long terme. La tâche des banques est donc d'assurer le passage d'échéances courtes en échéances longues et *vice versa* : on parle alors de transformation des échéances. Il en résulte deux types de risque pour les banques. Le premier est un risque de liquidité : les sommes prêtées sont plus importantes que les sommes disponibles à court terme ; autrement dit, les titres de créances détenus par les banques ne sont pas susceptibles d'être monnayables rapidement. Cela peut être dû soit à une impossibilité de vendre les titres immédiatement, soit à une décote brutale des titres détenus. Le second risque est un risque de solvabilité : la banque ne réussit pas à recouvrer sa créance auprès d'un débiteur, celui-ci étant incapable de la rembourser ou de payer ses intérêts. Si c'est le cas, la banque doit avoir suffisamment de fonds propres pour honorer ses propres engagements. Les deux risques peuvent se rejoindre, par exemple si l'illiquidité de la banque l'oblige à puiser sur ses fonds propres, au risque de réduire sa solvabilité.

Normalement, c'est la banque centrale qui assure la pérennité et la stabilité du système des paiements. Le moyen le plus important est le « refinancement » des banques ordinaires. En cas de besoin, celles-ci peuvent soit accéder au marché interbancaire et emprunter auprès de leurs consœurs la monnaie centrale qui leur manque ponctuellement, soit se tourner directement vers la banque centrale et obtenir de sa part de la monnaie centrale en contrepartie de titres « mis en pension » et acceptés par la banque centrale.

ENCADRÉ 2.6

Le cash 2.0 va-t-il révolutionner le système monétaire ?

La structure de la masse monétaire s'est profondément modifiée au cours des dernières décennies. La part de la monnaie fiduciaire (pièces et billets) n'a cessé de diminuer au profit de la monnaie scripturale (dépôts à vue). Ainsi en France, de 1960 à 2016, la part des billets (et des pièces de monnaie) est passée de 40 % à moins de 5 % de la masse monétaire étroite (M1). Cette proportion reste plus importante dans d'autres pays, comme l'Allemagne. Une autre évolution importante est le recours croissant aux instruments électroniques pour faire circuler les moyens de paiement : la part des chèques diminue au profit de la monétique, et en particulier les cartes de paiement, qui est devenue le principal instrument de paiement en France.

Plusieurs pays, à commencer par la Suède, ont décidé de faire disparaître les billets, pour les remplacer par du « cash 2.0 », c'est-à-dire une monnaie qui a les caractéristiques fonctionnelles des billets, mais qui circule sous forme électronique, notamment par l'utilisation des téléphones mobiles. Selon ses promoteurs, cette innovation réduira le coût du système de paiement, l'impression et la distribution des billets (notamment par les DAB) étant éliminées. De plus, l'informatisation permettra une meilleure traçabilité des transactions.

Pour certains économistes, cette innovation monétaire pourrait aboutir à une transformation radicale du processus de création monétaire[1]. Ce nouveau système de cash 2.0 donnerait un accès direct des ménages et des entreprises à la monnaie émise par la banque centrale ou base monétaire, désormais informatisée. Le développement futur du cash 2.0, géré par la banque centrale, donnerait à celle-ci un plus grand contrôle sur la création monétaire. Et ce pourrait être l'amorce d'un nouveau régime monétaire, dit « 100 % monnaie » (voir l'encadré 2.5), dans lequel la création monétaire serait intégralement contrôlée par la banque centrale. Cette analyse est fondée sur une vision contestable de la création monétaire. Elle est en opposition totale avec l'idée centrale, défendue dans ce livre, selon laquelle la monnaie est endogène, car sa création résulte des besoins de financement des entreprises et des ménages, et donc du crédit distribué par les banques, que celles-ci soient privées ou publiques. La création monétaire ne peut donc résulter des décisions de la banque centrale, ce qui est la thèse de la monnaie exogène relevant d'une conception centralisatrice de l'économie.

Dans les relations unissant le système des paiements et dans celles existant entre ce système et les agents économiques non financiers (entreprises et ménages), la variation des taux d'intérêt joue un grand rôle. D'une part, la banque centrale peut rendre plus ou moins difficile l'accès au refinancement pour les banques en augmentant ou en diminuant le taux du refinancement, que l'on désigne par le « taux directeur ». D'autre part, les banques cherchent à capter le plus de clients possible pour disposer de leurs

1. Wojtek Kalinowski, « Vers une monnaie centrale digitale ? », *L'Économie politique*, n° 75, juillet 2017, p. 31-42.

dépôts, augmentant ainsi leurs liquidités. Si, pour cela, elles tendent à rémunérer les dépôts (même parfois les dépôts à vue), elles réduisent d'autant leurs chances de profits, surtout si la conjoncture économique réduit les demandes de crédit venant de l'économie. Dans ce cas, elles auront une propension élevée à rechercher des placements purement financiers lucratifs comme nous le verrons plus loin. Alors, le risque systémique s'accroît puisque chaque banque sait que la banque centrale est là pour la « couvrir » quels que soient les risques encourus. La contradiction est là : la banque centrale pratique des taux de refinancement bas, et cela provoque une envolée des cours obligataires, menacés à chaque instant de s'effondrer avec des conséquences en chaîne sur l'économie réelle. Cette situation est le résultat quasi inévitable de la transformation des banques traditionnelles de dépôts en banques dites universelles, dont la motivation principale devient alors la spéculation financière, alors que le financement de l'investissement par les banques reste crucial, notamment pour les projets des petites et moyennes entreprises qui ont difficilement accès aux marchés financiers et pour ceux des ménages. Les banques qui devraient exercer à cette occasion une fonction d'expertise pour déterminer les projets viables le peuvent de moins en moins.

En conclusion, peut-on dire que la création monétaire constitue un pouvoir exorbitant octroyé aux banques ? Les banques disposent du monopole de la création de monnaie bancaire, et de ce fait injectent du pouvoir d'achat potentiel qui devient réel si la production correspondante le permet. En ce sens, certains considèrent que les banques bénéficient d'un pouvoir exorbitant, dont elles abusent en faisant payer des taux d'intérêt, ou en faisant des opérations contraires à l'intérêt général, telles que la spéculation.

Cette vision critique suggère deux séries de réponses. En

premier lieu, la création monétaire par le système bancaire est nécessaire car elle permet d'anticiper la création de richesses futures supplémentaires. La distribution du crédit et la gestion de la monnaie sont deux fonctions majeures des banques qui représentent un coût pour elles.

Mais, en second lieu, la monnaie est un bien public, comme on l'a vu, et la création monétaire doit être assurée dans l'intérêt général. D'où la nécessité d'un contrôle social sur les banques dont le fonctionnement et en particulier le pouvoir de création monétaire ne peuvent être décidés dans le seul intérêt des actionnaires et des dirigeants bancaires, comme c'est le cas dans le capitalisme d'aujourd'hui, dominé par la finance.

Annexe au chapitre 2

LA DETTE

Nous avons vu dans le chapitre 1 que la monnaie était liée à la dette, et que la monnaie était en elle-même une dette. On pourrait donc s'étonner que, puisque la monnaie est inhérente aux sociétés, la dette fasse autant figure d'épouvantail, de quelque chose à éradiquer. Il faut donc se pencher sur ce paradoxe. En commençant par rappeler que, au fondement des sociétés, il existe des engagements réciproques entre les individus, d'ordre social et pas seulement économique, qui, en se perpétuant, participent au maintien des relations sociales et donc à la reproduction de la société à travers le temps. Ensuite, la monnaie est une dette à un double titre. D'une part, étant émise à l'occasion du crédit, elle oblige l'emprunteur à rembourser. D'autre part, inscrite au passif de la banque émettrice, elle représente un engagement de sa part à honorer toute dépense de l'emprunteur à hauteur du crédit accordé. Enfin, nous verrons dans le chapitre 3 que l'augmentation de la masse de monnaie est nécessaire au développement économique.

D'où vient que l'endettement fasse peur ? Pourquoi a-t-on traversé et traverse-t-on encore une « crise de la dette » et particulièrement une « crise de la dette publique » ? Essentiellement à cause de l'évolution du capitalisme financier et des politiques néolibérales. Il y a eu au cours des quatre dernières décennies un enchaînement de faits qui ont abouti à une très grave crise financière et à sa déclinaison européenne dite « crise de la dette souveraine ».

Premier fait : c'est le passage du financement des déficits publics hors marché (voir l'encadré 2.4 sur le circuit du Trésor) au financement par le marché. Cela n'aurait peut-être pas prêté à conséquence si, dans le même temps, les déficits n'avaient pas été creusés par la baisse de la fiscalité sur les riches et les entreprises ainsi que par le ralentissement de la croissance économique. Pour les travailleurs, ce fut une double peine : chômage et précarité. En revanche, les rentiers furent deux fois gagnants : ils encaissaient la rente tirée de leur épargne, celle-ci étant facilitée par la baisse de la fiscalité qui pesait sur eux. Ce premier phénomène porte un nom : explosion des inégalités.

Deuxième fait : la crise du capitalisme pendant les années 1970 amena les classes dirigeantes à imposer une baisse relative de la part de la masse salariale dans la valeur ajoutée, de façon à restaurer la rentabilité du capital compromise. Cela leur fut d'autant plus facile que le chômage croissant pesait sur les salariés. Mais, à la longue (trois décennies, c'est long !), la difficulté pour écouler les marchandises a conduit ces classes dirigeantes à compenser la faiblesse des salaires par une expansion du crédit *ad libitum*, et cela dans nombre de pays, à l'instar des États-Unis. Mais cet endettement privé octroyé sans retenue entraîna les banques dans des processus financiers qui finirent par exploser : ce fut la crise des *subprimes* consécutive au relèvement des taux d'intérêt au moment où la bulle immobilière s'effondrait, et après laquelle les milliers de milliards d'endettement privé durent être endossés par la collectivité. C'est donc l'histoire d'une montagne de dettes privées transformée en une montagne de dettes publiques.

Troisième fait auquel beaucoup de pays membres de l'Union européenne furent sensibles : dans la période s'étalant sur les deux décennies 1980 et 1990, la hausse des taux d'intérêt nominaux pour répondre aux exigences financières accrues et la politique de désinflation entraînèrent la hausse des taux d'intérêt réels. Il s'ensuivit un effet dit de « boule de neige » sur l'endettement public. Lorsque les taux réels commencèrent à décroître, des pays en retard de développement et de productivité comme la Grèce ou le Portugal purent emprunter à des taux bas, mais se retrouvèrent à la merci de la spéculation d'institutions financières acheteuses de leurs titres spéculant sur leur faillite. À l'explosion des inégalités signalée plus haut s'ajouta la domination des créanciers sur les débiteurs. Cette domination avait déjà été malheureusement constatée dans les pays en développement soumis aux plans d'ajustement structurel de la Banque mondiale et du Fonds monétaire international. Elle est maintenant à l'œuvre également dans les pays du sud de l'Europe, sous la férule de la « Troïka » (FMI, BCE, Commission européenne / Mécanisme européen de stabilité) à laquelle furent contraints de faire appel la Grèce, l'Irlande, le Portugal, Chypre et un peu l'Espagne.

Tout fait malheureusement sens pour imposer « l'ordre de la dette[1] » : financement obligé de la dette publique sur le

1. Benjamin Lemoine, *L'Ordre de la dette*, *op. cit.* ; « Refaire de la dette une chose publique », *Savoir/Agir*, n° 35, avril 2016 ; http://www.cadtm.org/Refaire-de-la-dette-une-chose.

marché, exigences de rémunération financières de plus en plus élevées, structure de la fiscalité favorable aux riches, compression des budgets publics, services publics promis à la privatisation et austérité salariale pour couronner l'ensemble. Tout concourt à laisser croire que l'endettement public n'a pas de raison d'être, qu'il ne faut pas investir pour l'avenir, que les richesses développées par la collectivité (infrastructures, éducation, recherche, transition énergétique) sont sans valeur… jusqu'à ce qu'elles soient captées par le privé. On devine qu'une stratégie absolument inverse serait nécessaire : des banques publiques et socialement contrôlées, une banque centrale au service de la société, de telle sorte qu'une bonne dette soit possible et non une dette destinée à nourrir la rente financière. Pour l'instant, les sociétés soumises à l'ordre de la dette subissent la contradiction du capital : le moins d'impôts possible pour pouvoir se gaver de titres de dette publique, tout en craignant que celle-ci, devenue trop grosse, ne conduise les États à recourir à nouveau à la création de monnaie, s'ils obligeaient les banques centrales à leur acheter leurs titres lors de leur émission, avec le risque de ruiner la rente financière.

CHAPITRE 3

La monnaie, au cœur de l'accumulation et des crises capitalistes

La nature socio-institutionnelle de la monnaie ainsi que les mécanismes concrets de sa mise en circulation ont été dévoilés dans les deux premiers chapitres. Mais l'accent mis sur les aspects sociaux, institutionnels et politiques de la monnaie ne doit pas faire oublier qu'elle joue un rôle particulier dans le domaine plus strictement économique. Le présent chapitre sera d'abord consacré à montrer que la monnaie est indispensable à l'accumulation du capital et, plus généralement, à tout processus de développement économique. Cette nécessité est aussi à l'origine du déclenchement des crises périodiques du capitalisme. La monnaie est donc étroitement liée aux contradictions de ce système.

1. LA MONNAIE EST INDISPENSABLE À L'ACCUMULATION, À LA DYNAMIQUE ÉCONOMIQUE

Nous ne vivons pas dans une économie de troc, les échanges économiques ne se déroulent pas en nature, ils le sont en monnaie. La monnaie ne permet pas seulement le développement des échanges, elle en change le contenu, selon qu'elle sert à acheter des biens ou à embaucher des travailleurs. Dans ce dernier cas, elle devient du capital, qui fonde le pouvoir de ceux qui en possèdent sur ceux qui n'ont que leur force de travail. Le capitalisme, caractérisé par le rapport social salarial, peut aussi se définir comme une économie monétaire de production. C'est une économie dynamique : elle ne produit pas d'une période à l'autre les mêmes biens et services, ni en quantité ni en qualité, mue par une dynamique de croissance exigeant une addition permanente de monnaie. Cette exigence ne concerne pas seulement l'augmentation de la production, car elle est également indispensable à la réalisation du profit monétaire.

1. La création de monnaie anticipe la croissance économique

L'investissement en équipements productifs techniquement plus perfectionnés, un accès facilité aux matières premières et un meilleur savoir-faire des travailleurs sont les principales causes de l'augmentation de la productivité du travail[1] et, partant, de celle de la production. Dans une économie monétaire de production, les entreprises achètent ces équipements à d'autres entreprises et embauchent des salariés dans la perspective de produire davantage ou autrement et d'investir. Au sein de ce rapport social historique particulier qu'est le capitalisme, elles avancent donc du capital au sens financier. D'où vient cette avance ?

Comme nous l'avons vu dans le chapitre précédent, la vision économique libérale, fondée sur la neutralité de la monnaie, considère que l'épargne préalablement accumulée par les épargnants finance les investissements nécessaires à

1. La productivité du travail est le rapport de la production à la quantité de travail utilisée. Elle peut être mesurée par tête (production divisée par le nombre d'emplois) ou bien à l'heure (production divisée par le nombre d'emplois et la durée individuelle moyenne du travail).

la production. Ce serait vrai si les producteurs travaillaient et vivaient en autarcie : ils fabriqueraient eux-mêmes leurs outils et ne consommeraient pas toute leur propre production dans la période courante pour réinvestir le reste dans la période suivante. Si l'économie se reproduisait quantitativement à l'identique d'une année sur l'autre, on ne devrait que renouveler ce qui existe et qui a été usé ou consommé. Dans ce cas, il n'y aurait aucun besoin de monnaie additionnelle d'une période à l'autre. Mais la réalité est différente.

On doit donc raisonner autrement. Dans une économie monétaire de production en perpétuelle recherche de croissance comme le capitalisme, l'investissement net[1] sur le plan macroéconomique (c'est-à-dire de l'économie dans son ensemble) oblige à une avance de monnaie pour anticiper la production d'un surplus économique[2]. La monnaie n'est donc pas seulement un instrument d'échange, elle est une condition de la production[3].

1. On distingue l'investissement brut (biens de production à la fois pour remplacer ceux qui sont usés et pour en accroître la quantité) et l'investissement net (achats des biens de production supplémentaires). Dans la pratique, les achats de biens de production nouveaux intègrent les deux aspects quantitatif et qualitatif.

2. Ici, le surplus économique est défini comme le supplément de production obtenu par rapport à la période précédente. La notion de surplus peut être vue aussi dans un autre sens : quand on parle de surplus social, il s'agit de la part de la valeur ajoutée correspondant à la plus-value de Marx, c'est-à-dire de la part de la production qui va au-delà de celle nécessaire à l'entretien de la force de travail. Surplus de croissance économique et surplus social ne correspondent pas nécessairement : pour qu'il y ait surplus de croissance, il faut qu'il y ait un surplus social, mais il a existé dans l'histoire des sociétés où un surplus social était prélevé par la classe dominante, mais sans ou très peu de croissance économique (par exemple, sous le rapport social du servage).

3. Voir Suzanne de Brunhoff, *La Monnaie chez Marx*, Éditions sociales, 1967 ; et Pascal Combemale, *Introduction à Keynes*, La Découverte, « Repères », 1999.

Ainsi se dessine une autre vision du fonctionnement de l'économie capitaliste, une vision réaliste que l'on trouve aussi bien chez les auteurs se rattachant au marxisme, Marx bien sûr et Rosa Luxemburg notamment, que chez ceux se rattachant au keynésianisme ou au postkeynésianisme, Keynes, Kalecki, Minsky, et même chez des économistes plus orthodoxes comme Schumpeter et Boulding.

Cette vision peut être synthétisée de la façon suivante. L'économie est un circuit qu'ouvre l'avance de monnaie par le système bancaire destinée aux entreprises (pour l'instant, qu'elles soient privées ou publiques n'importe pas). Grâce au crédit bancaire, celles-ci investissent, embauchent, produisent, versent aux ménages des revenus monétaires (*grosso modo*, des salaires et des dividendes), qui sont consommés pour une partie et épargnés pour le restant. Les flux de monnaie reviennent donc, d'une part, vers les entreprises par la vente des biens et services, et, d'autre part, vers les banques par l'épargne des ménages, par celle des entreprises qui correspond à leur capacité d'autofinancement et par les intérêts et les remboursements des avances.

Le concept clé de cette vision est celui de *financement* de la production, qui intervient *a priori*, avant le lancement de celle-ci qui sera créatrice de « valeur ajoutée ». Le financement de la production ne doit donc pas être confondu avec le *paiement* des marchandises qui intervient *ex post*, au moment de l'achat des biens de consommation ou de production. Prenons par exemple la production d'automobiles : cette production est lancée par le financement des investissements et l'embauche ; les consommateurs d'automobiles paient ensuite leurs achats, mais ce ne sont pas eux qui financent l'installation des chaînes de montage. Pourquoi, dans ce cas, ne peut-on pas dire que les sommes correspondant à ces ventes financent la production future ?

2. *La création de monnaie pour la réalisation du profit monétaire*

La réponse à cette dernière question nécessite d'approfondir le raisonnement précédent. Lorsque les entreprises embauchent, elles versent des salaires à leurs travailleurs et paient leurs achats de biens d'équipements et matières premières à d'autres entreprises. Quand toutes les commandes de biens de production ont été honorées et que les salaires se sont transformés pour la plupart en achats de biens de consommation, les entreprises récupèrent globalement les avances qu'elles avaient faites précédemment. Mais si elles ne faisaient globalement que récupérer leurs avances, on ne comprendrait pas où se niche le profit dans l'ensemble de l'économie. Pour que toute la valeur potentielle contenue dans la production puisse être transformée en monnaie et que, en particulier, la plus-value tirée de la force de travail (voir l'annexe au chapitre 1) prenne sa forme monétaire, il est impératif que la création de monnaie anticipe le profit global dans l'économie qui sera engendré par le travail productif.

On aperçoit ici les passerelles qui existent entre les deux grandes figures de l'analyse du capitalisme que sont Marx et Keynes. Tous les deux ont vu le capitalisme comme une économie monétaire. Lorsque l'économie est en expansion, d'où vient la monnaie servant à payer des suppléments de salaires, d'intérêts et de dividendes, et d'où vient celle servant à acheter les biens d'investissement net à l'échelle macroéconomique ? La réponse à cette question demande de relier la conception endogène de la monnaie créée par le système bancaire et l'anticipation du profit espéré par les investisseurs.

En effet, le bouclage macroéconomique du circuit capitaliste avec profit d'entreprise exige que de la monnaie puisse se trouver en face de la partie du produit national correspondant à ce que Marx appelle le supplément de capital-argent (*A' – A*, voir chapitre 1) et Keynes le revenu d'entreprise. Ce bouclage implique l'investissement net, c'est-à-dire l'achat des nouveaux biens de production (au-delà de leur simple renouvellement) par les entreprises capitalistes à d'autres entreprises, qui n'est possible sur le plan macroéconomique que si une injection de monnaie est faite : ainsi, par la création monétaire, le système bancaire anticipe le fait que les entreprises feront du profit et, par cette anticipation, il permet la réalisation simultanée du profit non distribué et de l'accumulation.

C'est cette vision qu'avait exprimée l'économiste polonais Michał Kalecki : « Il est clair que les capitalistes peuvent décider de consommer ou d'investir durant une période donnée plus qu'à la période précédente, mais ils ne peuvent décider de gagner plus. *Ce sont, en conséquence, leurs décisions d'investissement et de consommation qui déterminent les profits*, et non l'inverse[1]. » C'est en répartissant le pouvoir d'achat entre salaires et leurs propres dépenses (essentiellement d'investissement) que les capitalistes déterminent leur dynamique économique. Autrement dit, le profit à l'échelle globale se hisse au niveau de l'investissement net macroéconomique[2]. Et, l'un comme l'autre, ne peuvent être réalisés sur la base de la seule avance des capitalistes qui auraient épargné auparavant (voir l'encadré 3.1). L'analyse économique rejoint ici l'analyse plus sociologique car « ce

1. Michał Kalecki, *Théorie de la dynamique économique*, Gauthier-Villars, 1954, p. 32. Cette thèse avait été résumée par Nicholas Kaldor ainsi : « les capitalistes gagnent ce qu'ils dépensent, alors que les salariés dépensent ce qu'ils gagnent ».

2. Pour une excellente présentation pédagogique de ce raisonnement, voir Laurent Cordonnier, *L'Économie des Toambapiks. Une fable qui n'a rien d'une fiction*, Raisons d'agir, 2010.

ENCADRÉ 3.1

Investissement et épargne

Voici l'une des controverses les plus récurrentes au sein de la théorie économique. Elle est tout à fait liée aux conceptions antagoniques de la monnaie. *Grosso modo*, elle oppose les théoriciens classiques et néoclassiques à tous les autres, en particulier les keynésiens de toutes sensibilités.

Dans l'optique classique et néoclassique, la monnaie ne joue aucun rôle, car elle n'est qu'un voile transparent jeté sur les marchandises, qui s'échangent contre des marchandises, sans jamais aucun problème de débouchés (voir l'annexe au chapitre 1). Avec leur revenu, les ménages consomment et épargnent pour investir. C'est donc l'épargne qui permet l'investissement. L'offre de fonds prêtables rencontre la demande selon un prix de marché d'équilibre, le taux d'intérêt. Toute augmentation du crédit au-delà de l'épargne existante ne peut conduire qu'à un déséquilibre. Hayek donnera la version la plus achevée de cette thèse : accorder trop de crédit aux entreprises conduit celles-ci à mettre en œuvre trop de projets par rapport aux ressources matérielles disponibles. Or celles-ci, selon la thèse classique, n'existent que grâce à l'épargne, d'où le déséquilibre dénoncé par Hayek. C'est cette thèse qui est sous-jacente à toutes les politiques restrictives d'austérité, hostiles par principe à toute idée de relance de l'activité économique.

Pour comprendre comment Keynes élabore la thèse opposée dans les années 1930, il faut se replacer dans un contexte de crise économique où, par définition, les facteurs de production sont sous-utilisés, tant la main-d'œuvre que les équipements. L'épargne monétaire n'est pas une condition *préalable* de l'investissement. L'injection de monnaie par le crédit lève la contrainte de l'épargne pour relancer l'investissement. L'ajustement ne se fera pas par la variation du taux d'intérêt mais par le supplément de production, donc →

de revenu et, en fin de compte, par le supplément d'épargne qui viendra se porter *a posteriori* au niveau de l'investissement supplémentaire, déclencheur du phénomène du multiplicateur. Bien entendu, le mécanisme suppose que les biens de production correspondant à l'accroissement de l'investissement soient produits et utilisés à cette fin. Mais la détermination va du supplément d'investissement au supplément d'épargne, via le supplément de revenu, et non l'inverse. En bref, pour les classiques, l'épargne est fonction du taux d'intérêt, alors que, pour Keynes, elle est fonction du revenu. Il s'ensuit que, pour ce dernier, les variations de la production sont déterminées par les variations de la demande.

n'est pas l'argent qui, par essence, crée [le] rapport [de classes], c'est l'existence de ce rapport qui permet de transformer une simple fonction de monnaie en une fonction de capital[1] ». Dans les sociétés capitalistes modernes, à la dynamique créée par l'investissement privé s'ajoute (ou peut se substituer dans les situations de récession) celle initiée par l'investissement public, générateur de revenu supplémentaire et de demande au secteur privé[2].

1. Karl Marx, *Le Capital*, Livre II, dans *Œuvres*, Gallimard, « Bibliothèque de la Pléiade », t. II, 1968, p. 517.

2. Dans une économie capitaliste ouverte sur l'extérieur, intervient également l'influence du solde du commerce extérieur. Le revenu national est alors calculé comme étant égal à la somme de l'investissement privé, de l'investissement public et du solde commercial, multipliée par l'inverse du complément à 1 de la propension marginale à consommer.

2. LA MONNAIE AU CENTRE DES CONTRADICTIONS DU CAPITALISME ET DE SES CRISES

La dynamique économique que nous venons de décrire n'est pas linéaire, sans heurts ; au contraire, elle avance par cycles, retournements et crises. Les crises sont toujours des moments où les contradictions inhérentes au système s'exacerbent tellement qu'elles éclatent. Surendettement, suraccumulation de capital, surproduction, tous ces « sur »-quelque chose sont des manifestations régulières des cycles économiques. S'y greffent aussi les phénomènes d'inflation ou au contraire de déflation. La monnaie n'est étrangère à aucun d'entre eux. Nous allons les examiner successivement.

L'histoire a même montré que les grandes crises capitalistes démarrent toujours par une crise monétaire et financière qui sert de révélateur et d'amplificateur aux difficultés propres au système productif. La spécificité des économies monétaires est que, malgré tous les produits financiers inventés comme substituts au crédit bancaire et malgré tous les instruments de couverture et de placement mis sur les marchés, il n'existe en réalité pas de substitut à la monnaie émise par le système bancaire, pouvant remplir toutes les fonctions sociales et économiques d'une monnaie.

1. Le surendettement

Si la création de monnaie par le crédit bancaire est indispensable à l'accumulation et donc au développement économique, trop de crédit dégénère en bulle financière dont le destin est d'éclater un jour ou l'autre. On doit la mise en évidence la plus nette de cette contradiction à l'économiste postkeynésien Hyman Minsky[1] : l'instabilité est intrinsèque ou « endogène » à la finance. Cet auteur établit un lien entre les innovations financières, la liquidité des bilans et l'instabilité financière. Si le crédit accordé par les banques dépasse les besoins du système productif en monnaie supplémentaire, alors la possibilité d'une bulle financière est enclenchée. En effet, la demande globale adressée au système productif (demande de consommation et demande d'investissement) provient du revenu distribué dans l'ensemble de l'économie et du nouveau crédit (ce dernier équivalent par définition du supplément de dette), du moins dans la partie de celui-ci qui finance des dépenses[2]. Comme l'écrit Steve Keen, « la demande agrégée [est] bien plus volatile que si le revenu était la seule source, car, alors que le PIB (et le stock de dette accumulée) varie relativement lentement, la variation du flux de dette peut être brusque et extrême. De plus, si les niveaux de dette sont déjà élevés comparativement au PIB, la variation du niveau de la dette peut avoir un impact substantiel sur la demande[3] ».

Le danger est imminent quand le taux de croissance de la dette devient l'élément déterminant de la variation de la demande globale, car l'engrenage menant vers une spirale de type Ponzi[4] s'enclenche. Tant que les crédits sont

1. Parmi son œuvre : Hyman P. Minsky, *Stabilizing an Unstable Economy*, New Haven, Yale University Press, 1986, traduction *Stabiliser une économie instable*, Les Petits Matins, 2016. Pour une présentation et un commentaire : Jean-Marie Harribey, « Minsky au milieu du gué ? », *Les Possibles*, n° 10, été 2016 ; https://france.attac.org/nos-publications/les-possibles/numero-10-ete-2016/debats/article/minsky-au-milieu-du-gue.

2. Par opposition au crédit servant à acheter des actifs financiers.

3. Steve Keen, *L'Imposture économique*, Les Éditions de l'Atelier, 2014, p. 376.

4. Charles Ponzi monta au début du XXe siècle aux États-Unis un système frauduleux où la rémunération des prêteurs est assurée par de nouveaux

accordés pour financer des investissements productifs ou la consommation, la spirale de la dette peut être évitée. Mais s'ils sont dirigés vers la spéculation sur le prix des actifs financiers, la spirale de l'endettement devient incontrôlable et la catastrophe n'est pas loin, car l'endettement pour satisfaire le besoin de spéculer pousse les acteurs à prendre des risques excessifs afin de maximiser leur profit. Ainsi, dans la dernière période, beaucoup de grandes entreprises, financières ou non, ont abusé de ce que l'on nomme l'effet de *levier*, afin d'augmenter le taux de rendement des fonds propres. Le levier d'endettement est défini comme le ratio des fonds empruntés et des fonds propres des sociétés. Cet effet augmente d'autant plus que le taux de rendement économique réel dépasse le taux d'intérêt portant sur l'emprunt, et contribue ainsi à accroître le rendement servi aux actionnaires. Les défauts de cette technique sont graves car elle incite les entreprises à emprunter pour racheter leurs propres actions, diminuer les fonds propres et ainsi accroître leur rendement. Elle a souvent été utilisée notamment dans les opérations de restructuration dites de *leverage buy out*[1].

Lorsque l'emballement de l'endettement s'exacerbe, la hausse des taux d'intérêt peut entraîner la baisse des prix des actifs financiers, et une détérioration des bilans des intermédiaires financiers et des emprunteurs. Ces derniers ne pourront plus rembourser leurs crédits ou emprunter

---

prêteurs, jusqu'au jour où cela ne suffit plus et que le mécanisme est mis au jour. Minsky a montré que les entreprises pouvaient faire appel à un endettement prudent (les charges de remboursement et d'intérêt sont inférieures aux profits escomptés), ou à un endettement spéculatif (au début les charges sont inférieures aux profits, puis elles les dépassent), ou à un endettement de type Ponzi (aucune charge ne peut être honorée sans faire appel à un endettement supplémentaire). Seul le premier type d'endettement est viable selon Minsky.

1. Littéralement : un rachat en utilisant l'effet de levier.

de nouveau, du fait de la chute de la valeur des actifs servant de collatéraux, c'est-à-dire de supports. Ainsi, l'hypothèse de l'instabilité intrinsèque de la finance de Minsky trouve une confirmation dans la Grande Dépression consécutive à 1929, ainsi que dans la récession qui a suivi la crise dite des subprimes en 2007. Elle est aussi susceptible de nous alerter quant aux conséquences des politiques monétaires dites non conventionnelles actuellement menées, qui maintiennent les taux d'intérêt à un niveau bas, tout en alimentant la hausse des prix des produits financiers. Qu'adviendra-t-il lorsque les taux d'intérêt remonteront ?

L'instabilité intrinsèque de la finance a été aggravée par la libre circulation des capitaux accordée sans entraves depuis la décennie 1970. Elle se propage dans tous les circuits bancaires et financiers dès qu'un maillon de la chaîne se fragilise. Et, surtout, elle entretient les déséquilibres à travers le monde, les déficits des balances des paiements de certains pays étant les excédents des autres, c'est-à-dire les créances des uns étant les dettes des autres (voir chapitre 6).

L'hypothèse d'instabilité financière de Minsky est renforcée par les transformations structurelles de l'appareil productif, que nous allons aborder dans le paragraphe qui suit.

2. La suraccumulation de capital

Pour Minsky (et la plupart des postkeynésiens) comme pour Marx avant eux, les crises sont des moments inévitables des transformations du capitalisme. On trouve chez Marx au moins deux idées fortes sur les crises. La première est que le capitalisme connaît une tendance à l'accumulation du capital qui conduit périodiquement à une suraccumulation. Celle-ci présente deux caractères liés :

une suraccumulation de capital-argent par rapport à la capacité du système productif à lui procurer une rentabilité suffisante, et une surproduction dans la plupart des secteurs industriels au regard de la demande de consommation solvable. Il s'ensuit une succession de périodes d'ascension du taux de profit et de baisse de celui-ci lorsque le capitalisme n'arrive pas à augmenter suffisamment le taux d'exploitation de la force de travail. La seconde idée est que la centralisation du capital (certaines sociétés achètent d'autres sociétés et centralisent ainsi les actions dans les mains d'un nombre d'actionnaires plus petit : croissance externe) et la concentration du capital (croissance en interne) sont corrélées avec une modification de la répartition des revenus entre travail et capital, en faveur de ce dernier, facilitée par la libre circulation des capitaux.

Ainsi, la mondialisation financière des quatre dernières décennies correspond à la détérioration de la part salariale dans la valeur ajoutée au sein de tous les pays capitalistes développés, permettant une remontée des taux de rentabilité du capital, avant que les signes annonciateurs d'une nouvelle crise ne se manifestent dans la seconde moitié de la décennie 2000. Autrement dit, les processus productifs et les mécanismes de répartition sont liés : produire de la plus-value pour le capital et la réaliser monétairement doivent être en adéquation, sous peine de non-validation du travail effectué dans la société (Marx) ou de non-validation des anticipations des entrepreneurs (Keynes). Pour obtenir une rentabilité du capital suffisante, qui est la clé de voûte de l'évolution du capitalisme, deux problèmes doivent être successivement résolus : celui de la production, c'est-à-dire l'organisation du travail, et celui des débouchés, c'est-à-dire la vente des marchandises. Pour comprendre les mécanismes à l'œuvre, voyons l'évolution du taux de profit, de la productivité et de la répartition de la valeur ajoutée depuis 1960.

Le taux de profit et la productivité aux États-Unis, en Europe et au Japon (1960-2010)

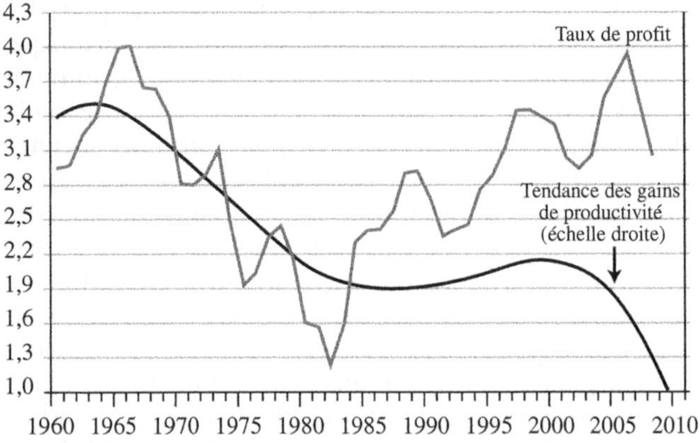

SOURCE : M. Husson, « Stagnation séculaire : le capitalisme embourbé ? », *À l'encontre*, 5 juin 2015, http://alencontre.org/economie/stagnation-seculaire-le-capitalisme-embourbe.html.

On constate dans les pays capitalistes développés, sur le dernier demi-siècle (1960-2010), deux sous-périodes nettement marquées. D'abord une chute très nette du taux de profit assez parallèle à la diminution des gains de productivité du travail. Cette chute de la rentabilité du capital est enrayée à partir du début de la décennie 1980, mais avec un maintien à un niveau bas des gains de productivité. Ce paradoxe est résolu si on remarque que la restauration du taux de profit a été obtenue en diminuant très fortement la part de la masse salariale dans la valeur ajoutée, à mesure que le chômage s'aggravait et que les systèmes sociaux étaient mis en concurrence par la mondialisation.

Part des salaires dans le PIB (1960-2018) : France, États-Unis et Italie

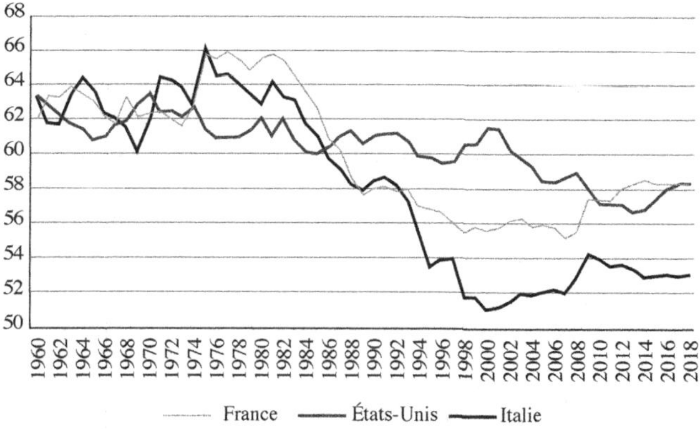

SOURCE : Graphique des auteurs, base de données AMECO, série ALCD0, consultée le 17 juillet 2017.

C'est ici que la crise de suraccumulation classique dans le capitalisme est rejointe par la crise écologique, les deux réunies expliquant vraisemblablement la difficulté du capitalisme néolibéral actuel à relancer une vague de croissance économique durable forte, surtout dans les pays riches, celle des pays émergents ayant ralenti depuis la crise de 2007. En effet, l'évolution du taux de profit est commandée par la multiplication de deux éléments : la part des profits dans la valeur ajoutée et l'efficacité technique du capital[1].

1. La part des profits est égale au taux de plus-value multiplié par la part des salaires. L'efficacité du capital est égale au rapport de la production et du stock de capital. Pour compléter, voir Jean-Marie Harribey, « La croissance ? Au-delà des doutes, une certitude : la crise sociale et la

Le premier élément de cette multiplication concerne la répartition : la part des profits augmente si la productivité du travail augmente plus vite que les salaires. Le second élément est plus complexe car il concerne à la fois l'efficacité des équipements productifs matériels et l'efficacité (ou la plus ou moins grande disponibilité) des matières premières nécessaires. Les deux phénomènes se renforcent car la répartition des revenus impacte ladite productivité globale des facteurs qui, elle-même, mesure l'influence du progrès technique[1]. Aujourd'hui, d'un côté, l'ajustement néolibéral par les salaires touche à ses limites, et, de l'autre, le mur des ressources naturelles se rapproche. Ce qui veut dire que l'augmentation de la part des profits dans la valeur ajoutée, la financiarisation, la montée de l'endettement et celle des inégalités ainsi que les limites du productivisme sont étroitement corrélées. Le résultat est donc une crise de longue portée, que le rétablissement

---

crise écologique du capitalisme sont liées », Note pour les Économistes atterrés, octobre 2014 ; http://atterres.org/article/la-croissance-au-de-là-des-doutes-une-certitude-la-crise-sociale-et-la-crise-écologique-du ; « L'impact cumulé des crises sociale et écologique du capitalisme sur le devenir de la croissance : la fin programmée de celle-ci ? », Colloque Recherche et Régulation, 10-12 juin 2015 ; http://harribey.u-bordeaux4.fr/travaux/soutenabilite/fin-croissance-rr.pdf.

1. La productivité globale des facteurs est une mesure de la part de la croissance économique qui n'est pas explicable par l'augmentation de la quantité de travail et d'équipements utilisée. Ce résidu inexpliqué est habituellement imputé au progrès technique et à l'environnement institutionnel. Il s'exprime de deux manières différentes mais équivalentes : 1. par la différence entre, d'un côté, le taux de croissance économique global et, de l'autre, la somme des taux de croissance des facteurs capital et travail pondérés par leur part respective dans le revenu national ; 2. par la somme de la part des profits dans le revenu national multipliée par le taux de rémunération du capital et de la part des salaires multipliée par le taux de salaire. Cette seconde formulation montre pourquoi la répartition des revenus influence la productivité globale des facteurs.

du taux de profit jusqu'au milieu des années 2000 (malgré le ralentissement de la productivité) par la baisse relative des salaires n'a pu empêcher. La pression énorme exercée par les gouvernements et les patronats pour renforcer encore davantage les politiques d'austérité vise explicitement à renouer avec la tendance qui avait si bien servi les actionnaires et les créanciers, mais plongé les sociétés dans la crise. En définitive, le bilan de la mondialisation contemporaine est une concurrence accrue des économies et une course à la compétitivité qui poussent les salaires à la baisse et les inégalités à la hausse. Dans un premier temps – jusqu'au milieu des années 2000 –, la croissance mondiale est à peu près sauvée par la financiarisation et l'endettement, mais elle finit par buter sur les contraintes sociales pesant sur la production de valeur (la dévalorisation du travail a des limites), et sur des contraintes écologiques (l'exploitation de la nature est elle aussi limitée).

Cette crise s'inscrit très certainement dans un cycle long, à la suite de ceux qu'avait mis en évidence l'économiste russe Kondratiev au début du XXe siècle et qu'avait réinterprétés Schumpeter en termes de grandes innovations techniques dont le financement implique l'injection de monnaie. Mais la fin de la crise et le passage à un nouveau cycle ne sont pas automatiques. Il faut rappeler que les phases précédentes de croissance forte au cours des deux derniers siècles avaient correspondu à une adéquation entre les nouvelles formes d'organisation technique de la production et l'organisation sociale : par exemple, après la Seconde Guerre mondiale, aux gains de productivité permis par l'organisation « scientifique » du travail correspondait un mode de gestion salariale de type « fordiste », alliant production de masse, consommation de masse et nouveaux droits sociaux. Or, la configuration néolibérale a fait éclater l'ancienne cohérence sans la remplacer : le meilleur parti tiré des nouvelles techniques d'information et de communication et du numérique n'est guère compatible avec une dévalorisation de la force de travail. Nous sommes donc en présence d'une véritable crise structurelle du capitalisme[1].

Crise de surendettement et crise de suraccumulation par rapport aux possibilités de profit et aux capacités de la planète sont donc les deux faces d'une même contradiction du capitalisme, à savoir la fuite en avant financière pour tenter d'échapper aux limites de la valorisation réelle du capital. Mais cette fuite en avant conduit à l'extension démesurée du capital fictif, que Marx stigmatisait comme le « vertige de vouloir faire de l'argent sans l'intermédiaire du procès de production[2] », et qui est illustré par un grossissement gigantesque de la valorisation boursière et

1. Par cette adéquation ou au contraire son absence, l'économiste Ernest Mandel expliquait les ondes longues : *Les Ondes longues du développement capitaliste. Une interprétation marxiste*, Syllepse, 2014.

2. Karl Marx, *Le Capital*, Livre II, V. Giard et E. Brière, 1900, édition électronique ; http://classiques.uqac.ca/classiques/Marx_karl/capital/capital_livre_2/capital_livre_2_fichiers.html, p. 38-39. On peut lire aussi dans Karl Marx, *Le Capital*, Livre II, dans Œuvres, *op. cit.*, p. 1138-1139, note *a* : « [Le capitaliste individuel] peut choisir : ou bien prêter son capital à intérêt, ou bien l'employer lui-même productivement. Généraliser ce cas en l'appliquant au capital total de la société, comme le font certains économistes vulgaires qui vont jusqu'à y voir la base du profit, c'est, naturellement, pure absurdité. Vouloir transformer la totalité du capital en capital monétaire, sans qu'il y ait personne pour acheter et exploiter les moyens de production – forme majeure du capital – est évidemment un non-sens. Plus absurde encore serait de penser que, sur la base du mode de production capitaliste, le capital pourrait produire de l'intérêt sans remplir une fonction productive, c'est-à-dire sans créer de la plus-value, dont l'intérêt n'est qu'une partie ; que le système de production capitaliste pourrait fonctionner sans production capitaliste. Si trop de capitalistes voulaient transformer leur capital en capital monétaire, celui-ci subirait une dépréciation considérable, et il en résulterait une baisse énorme du taux d'intérêt… »

par l'accumulation de produits dérivés et autres titres financiers. La hausse des prix des actifs financiers est l'une des caractéristiques du capitalisme financier : une part importante du crédit est introduite dans les circuits financiers pour procéder à des transactions sur des titres déjà émis, dans le but de participer à la montée de la bulle financière, et, au moment opportun, d'être le premier à liquider les titres.

Dans la perspective économique hétérodoxe, les prix des actifs financiers obéissent à des processus mimétiques, bien analysés par Keynes, sans lien apparent avec l'économie productive et avec la valeur que celle-ci engendre réellement. Et le capital fictif dont parlait Marx se dégonfle lorsque l'écart entre la plus-value réelle produite par le travail et la valorisation boursière devient trop grand, la loi de la valeur[1] exerçant alors une force de rappel au réel.

On ne peut saisir ce qu'il y a d'essentiel dans le fonctionnement et le dérèglement de la finance que si on remet le doigt sur le but ultime du capitalisme : créer de la valeur que pourra s'approprier le capital. Celle captée sur le lieu même de la production s'avère-t-elle insuffisante au regard des exigences financières ? Les mécanismes permettant de gonfler dans la sphère proprement financière la valeur pour l'actionnaire sont là de façon à préempter la production future et prendre ainsi une option sur la valeur à naître. Mais comme la liquidation ne pourra jamais être réalisée simultanément pour tous leurs détenteurs, il s'agit bien de capital fictif[2]. Lorsque la croissance du capital fictif a

1. Théorie de Marx situant l'origine de la valeur économique dans le seul travail productif validé par l'échange marchand.

2. Pour une discussion sur le capital fictif, voir Cédric Durand, *Le Capital fictif. Comment la finance s'approprie notre avenir*, Les Prairies ordinaires, 2014 ; Jean-Marie Harribey, « La baudruche du capital fictif, Lecture du *Capital fictif* de Cédric Durand », *Les Possibles*, n° 6, printemps 2015, https://france.attac.org/nos-publications/les-possibles/numero-6-printemps-2015/debats/article/la-baudruche-du-capital-fictif ; Cédric

atteint de tels sommets que l'écart entre les valorisations boursières potentielles et la plus-value réelle produite dans la production est devenu intenable, la finance hors-sol est ramenée à terre.

Comment les mécanismes de transmission de la crise entre sphère réelle et sphère financière, et *vice versa*, s'exercent-ils dans la mondialisation du capitalisme financier qui s'est imposée au cours des quarante dernières années ? Au fur et à mesure que le marché semblait avoir tout gagné, le risque systémique s'est accru. Toutes les procédures de libéralisation, de dérégulation, de désintermédiation et d'innovations financières étaient conçues pour « libérer » le capital de la contrainte de la valorisation par le travail, en levant le plus possible la contrainte de liquidité. Or, cette levée est impossible de façon ultime. En effet, dès lors que la rentabilité économique, faute de débouchés pour les marchandises, ou faute de retours suffisants sur investissements colossaux, devient insuffisante au regard des exigences de rendement financier dont la norme s'élève, la fuite dans l'endettement connaît un sort funeste. Ainsi en a-t-il été des bulles successives de la « nouvelle économie », de l'internet et de l'immobilier avec l'affaire des *subprimes*. Fer de lance de la mondialisation financière, l'économie des États-Unis est aussi celle d'où sont partis les emballements puis les retournements successifs. On peut donc en conclure que, si les phénomènes mimétiques ou autoréférentiels jouent

---

Durand, « Sur le capital fictif. Réponse à Jean-Marie Harribey », *Les Possibles*, *op. cit.* ; https://france.attac.org/nos-publications/les-possibles/numero-6-printemps-2015/debats/article/sur-le-capital-fictif ; François Chesnais, « Capital fictif, dictature des actionnaires et des créanciers, enjeux du moment présent », *Les Possibles*, *op. cit.* ; https://france.attac.org/nos-publications/les-possibles/numero-6-printemps-2015/debats/article/capital-fictif-dictature-des.

dans le sens d'une déconnexion de la finance par rapport à la réalité productive, cette déconnexion ne peut être ni durable ni fondamentale. En retour, les exigences de la finance impactent la production en ne sélectionnant que les investissements les plus rentables, au mépris notamment de toute contrainte sociale et des nouvelles contraintes nées de la crise écologique (voir l'annexe au chapitre 3 « Financement de la transition écologique »).

3. L'inflation

L'inflation est le phénomène de hausse généralisée des prix des biens et services à l'échelle d'une économie. Elle est mesurée par un indice synthétique, pondéré par la place occupée par ces biens et services dans les dépenses courantes moyennes au sein de l'économie. Mais cette définition simple laisse dans l'ombre une question essentielle : d'où provient cette hausse ? L'origine de l'inflation est l'objet de controverses qui renvoient pour une bonne part aux conceptions différentes de la monnaie.

Pour les économistes dits monétaristes, qui ont repris l'ancienne théorie quantitative de la monnaie dans les années 1960 sous l'impulsion de Milton Friedman, l'inflation est un phénomène purement monétaire. Pour eux, la monnaie n'a aucune influence à long terme sur la production : la variation de la quantité de monnaie en circulation, supposée exogène, déclenche automatiquement une hausse des prix proportionnelle. Le raisonnement suppose que l'économie fonctionne toujours et partout au plein emploi ou au quasi-plein emploi des facteurs de production (voir l'annexe au chapitre 1). Balayant la critique keynésienne à l'encontre de cette hypothèse, les monétaristes arguent que la monnaie n'agit sur la production qu'à court terme ; à long terme, seuls les prix réagissent à une politique monétaire, qui doit donc être évitée. En arrière-plan de la thèse monétariste, figure toujours l'idée que les agents économiques sont parfaitement rationnels et que leurs anticipations déjoueront toute action volontariste en faveur de l'activité et de l'emploi. Mieux encore, si l'on peut dire, les anticipations de l'inflation venant des agents créeront l'inflation redoutée.

Si la thèse monétariste n'est plus tout à fait partagée par les banques centrales (voir le chapitre 4), elle a influencé les politiques monétaires menées dans les années 1980 et elle demeure encore vivace dans les esprits. Pourtant, plusieurs autres analyses mettent en avant des causes différentes et plus convaincantes de l'inflation sur les biens et services. On parle d'inflation par la demande lorsqu'on impute la hausse des prix à un excès de demande de consommation, de demande d'investissement ou des dépenses publiques, par rapport aux capacités de l'offre. Cependant, cette approche n'est plausible qu'en faisant de nouveau intervenir la variation de la quantité de monnaie, dont l'origine est cependant différente de celle privilégiée par les monétaristes puisque la monnaie est considérée ici comme endogène, c'est-à-dire mise en circulation pour répondre aux besoins des agents économiques.

Une autre manière de voir les choses est de parler d'inflation par les coûts. Elle est plus commune aux keynésiens, qui ne croient pas à l'existence de la concurrence parfaite et qui voient les prix fixés par les entreprises comme la somme de coûts augmentée d'un taux de marge. Ici, l'inflation a pour origine la hausse des coûts, par exemple les coûts salariaux lorsqu'ils évoluent plus vite que la productivité du travail, ou bien la hausse des prix des matières premières, ou encore la hausse du taux de marge fixée parce que les entreprises craignent moins la concurrence (ce qu'on observe en période de forte croissance ou lorsque les entreprises ont du mal à répondre à toute la demande qui leur est adressée). En suivant cette analyse, on est conduit à mettre en évidence une course-poursuite entre coûts et prix, par exemple entre salaires et prix. Mais quel est le mécanisme permettant l'enclenchement et le développement de cette spirale ?

Il faut se tourner vers des approches plus socio-économiques. Lorsqu'une spirale inflationniste se déclenche et s'auto-entretient entre salaires et prix, c'est qu'un conflit social a lieu pour le partage de la valeur ajoutée. Si les salaires progressent plus vite que la productivité du travail, la part du travail dans la valeur ajoutée augmente, sauf si les dirigeants d'entreprises réagissent en augmentant les prix afin de rétablir la part des profits. Si, au contraire, les salaires progressent moins vite que la productivité du travail, la part du travail dans la valeur ajoutée diminue. Dans la période néolibérale en vigueur depuis les années 1980, le rapport de force est d'autant moins en faveur des salariés que le chômage est important, et l'emploi a été la variable d'ajustement sur laquelle ont joué les directions d'entreprises, alors que, pendant les années 1970 où le chômage n'avait pas encore explosé, l'inflation avait été la soupape de sécurité. Cela éclaire d'autant mieux la lutte perpétuelle menée depuis lors contre l'inflation, par l'adoption des politiques néolibérales, visant à maintenir ou rétablir la rentabilité du capital au moment où la productivité progressait moins vite et les luttes ouvrières s'intensifiaient (voir le graphique « Productivité, inflation et chômage : un conflit social », et l'encadré 3.2 « Inflation et/ou chômage »).

Le graphique suivant cherche à représenter ce propos. En abscisse figure le taux de chômage et en ordonnée sont représentés le taux de croissance du salaire réel (c'est le taux de croissance des salaires dont on a retiré celui de l'inflation), ainsi que le taux de croissance de la productivité du travail. Moins le chômage est fort et plus on observe un taux de croissance élevé des salaires (c'est la « relation de Phillips », ici représentée par la courbe). On fait apparaître sur le graphique une progression quelconque de la productivité représentée par la droite horizontale : le point d'intersection de la droite avec la courbe nous donne un état stationnaire : lorsqu'on est sur ce point, les salaires réels progressent au même rythme que la productivité. Alors, la part des salaires dans le PIB est stable (et donc celle des profits aussi). Si, au contraire, les salaires réels progressent plus vite (zone 1 du graphique), alors on observe une élévation de la part salariale. Et inversement pour la zone 2 qui s'apparente plutôt à la situation actuelle de nos économies développées.

Productivité, inflation et chômage : un conflit social

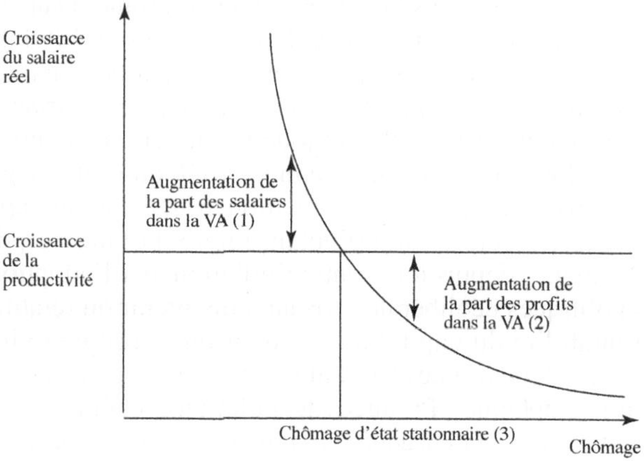

Zone 1 : accélération de l'inflation si les profits rétablissent leur part ;
Zone 2 : ralentissement de l'inflation si le rapport de force est en défaveur du travail ;
Zone 3 : chômage d'état stationnaire correspondant au :
– « chômage naturel » car ce serait le taux de chômage qui n'accélère pas l'inflation ? (vision orthodoxe) ;
– chômage laissant inchangé le rapport de forces capital/travail ? (vision hétérodoxe).

ENCADRÉ 3.2

Inflation et/ou chômage

Pourquoi les politiques de relance keynésiennes sont-elles souvent associées à un dilemme entre l'inflation et le chômage ? Au-delà de la corrélation statistique inverse qui a pu être établie pour certaines périodes entre l'évolution des salaires (censée commander celle des prix) et l'évolution du chômage[1], il y a le principe affirmé clairement par Keynes dans la *Théorie générale* : il n'y a pas d'équivalence entre les deux maux que sont l'inflation et le chômage ; le second est bien pire que le premier. « Peut-être y a-t-il quelque chose d'un peu troublant dans l'asymétrie qui se manifeste entre l'inflation et la déflation. Tandis qu'une inflation de la demande effective au-delà du montant qui correspond au plein emploi agit seulement sur les prix, une déflation de ladite demande en deçà de ce montant fait baisser tout à la fois le volume de l'emploi et le montant des prix. Pourtant cette asymétrie traduit simplement le fait que la main-d'œuvre est toujours en mesure de refuser un supplément d'emploi qui ferait baisser le salaire réel au-dessous de la désutilité marginale du travail, alors qu'elle n'a pas le pouvoir de se faire offrir assez d'emplois pour empêcher le salaire réel de rester au-dessus de la désutilité marginale du travail[2]. »

Autrement dit, Keynes n'oublie pas que le rapport entre salariés et employeurs n'est pas un rapport d'égalité, c'est un rapport hiérarchique, un rapport de subordination des

1. Cette corrélation inverse est connue sous le nom de courbe de Phillips-Lipsey, à partir de l'étude de Alban Phillips, « The Relation between Unemployment and the Rate of Change Money Wage Rates in the United Kingdom, 1861-1957 », *Economica*, New Series, vol. 25, n° 100, novembre 1958, p. 283-299 ; http://people.virginia.edu/~lc7p/202/Phillips58.pdf.

2. John Maynard Keynes, *Théorie générale*, *op. cit.*, chap. 20, § IV, p. 295.

→

premiers aux seconds. En ce sens, le « marché du travail » est une fiction. Cependant, comme Keynes n'a pas abandonné l'hypothèse néoclassique de décroissance de la productivité marginale du travail, il est obligé de conclure que, à court terme, la hausse de l'emploi conduit à une baisse du salaire réel, mais qui sera, selon lui, compensée par l'augmentation de la demande globale grâce au plus grand nombre d'emplois.

Dans la période néolibérale des années 1980 à aujourd'hui, le haut niveau de chômage infligé à la société a contenu la hausse des prix à un niveau très bas, autour de 2 % par an. Au sein de la zone euro, l'objectif fixé par la Banque centrale européenne est atteint, mais sans se soucier de l'autre forme d'inflation que la financiarisation engendrait au même moment et qui ne disait pas son nom : celle portant sur le prix des actifs financiers. Les emballements boursiers se sont donc succédé, suivis de crashs réguliers : bulle de la « nouvelle économie », bulle Internet, bulle immobilière, bulles sur les matières premières, etc. Toutes ces bulles furent nourries par une envolée du crédit.

L'éclatement de la bulle immobilière en 2007, entraînant la crise des *subprimes* aux États-Unis, puis la propagation à toute la sphère financière en 2008 ont été suivis de réajustements des politiques économiques. Dans un premier temps, il a semblé que les gouvernements allaient infléchir les politiques néolibérales, mais, très vite, la réalité contraire a prévalu. Et cela, tout particulièrement dans l'Union européenne, où la « parenthèse keynésienne » s'est refermée dès 2010, la déflation s'est imposée ou, tout au moins, le risque de déflation est devenu préoccupant.

4. *La déflation*

Au sens premier, la déflation désigne un mouvement des prix inverse à celui de l'inflation : la baisse absolue et généralisée des prix des biens et services. De manière symétrique à l'explication de l'inflation que nous venons de proposer, la déflation n'est susceptible d'être observée que lorsque le niveau d'activité est déjà faible : le chômage est élevé, empêchant les travailleurs d'obtenir des augmentations de salaires, voire de freiner leur baisse. Les entreprises sont, elles, en situation de capacité de surproduction, alors, pour tenter de liquider leur production, elles baissent les prix.

À partir de la Grande Dépression des années 1930, le terme de déflation a représenté le phénomène liant la baisse cumulative des prix et l'alourdissement de l'endettement privé, accru durant la phase d'extension abusive du crédit. Les opportunités d'augmentation du taux de profit[1] suscitent l'appel au crédit, du moins tant que le rendement économique est supérieur au taux d'intérêt et, ensuite, le retournement des anticipations fait précipiter l'économie dans le cercle déflationniste. Dès lors, ce cercle vicieux s'installe et grossit selon le mécanisme qu'a décrit l'économiste américain Irving Fisher en 1933[2] : les agents économiques, anticipant une baisse des prix, retardent leurs achats, tant de consommation que d'investissement, entraînant l'économie dans la dépression.

Lorsque les entreprises comprennent qu'elles sont trop endettées, elles tentent de se désendetter, et pour

1. Schumpeter disait que ces nouvelles opportunités de profit étaient liées aux innovations ; cf. ci-dessus.

2. Irving Fisher, « La théorie des grandes dépressions par la dette et la déflation », *op. cit.*

cela veulent *à tout prix* écouler leur production (c'est-à-dire la *liquider*), mais, comme elles font toutes pareil, le poids réel de leurs dettes s'accroît au fur et à mesure qu'elles diminuent leurs prix pour surmonter la concurrence accrue. Cet enchaînement contredit le mécanisme que Pigou décrivait comme un effet de richesse (les prix baissant, les actifs monétaires et financiers possédés ont plus de valeur). Or, au contraire[1], il y a une contraction de la richesse réelle produite, entraînant avec elle faillites, chômage, baisse des revenus, diminution de la demande de consommation et d'investissement, etc. La difficulté dans cette situation est que la politique monétaire se trouve paralysée, incapable de soutenir l'activité, car il est impossible de baisser les taux d'intérêt en dessous de zéro. Or, même à ce niveau, les taux réels restent positifs, alors que la situation exigerait des taux d'intérêt réels négatifs.

Après la crise financière de 2007-2008, beaucoup de pays membres de l'Union européenne ont connu, et connaissent encore, une situation de type déflationniste ou proche de la déflation, après que la plus grande partie de la dette privée a été transférée à la sphère publique. Le paradoxe – mais en est-ce un ? – est que les dirigeants ont continué d'imposer des politiques d'austérité qui ne pouvaient qu'aggraver les choses et entretenir le mécanisme décrit précédemment. Ce n'est pas sans rappeler le choix de la classe dirigeante française (mais elle ne fut pas la

1. C'est l'objet du « paradoxe de l'épargne » développé par Keynes dans la *Théorie générale* : individuellement, il paraît judicieux de reporter ses décisions d'achat car l'épargne ainsi constituée générera un pouvoir d'achat accru lors des périodes suivantes du fait de la déflation observée aujourd'hui. Mais ce mécanisme individuel, s'il est généralisé, provoque la baisse de l'activité et donc celle des revenus et la diminution de l'épargne disponible au niveau macroéconomique.

seule !) dans les années 1930. La crise était là, le chômage et le déficit public s'accroissaient, et, malgré cela, le plan de Laval et Rueff de 1935 avait réduit les salaires des fonctionnaires et les pensions des anciens combattants. La Troïka imposant aujourd'hui la même potion amère à la Grèce n'a donc rien inventé, mais n'a rien appris.

Comme le système capitaliste est incapable d'engendrer naturellement un effet correcteur automatique face aux crises, cela confirme la conception de la monnaie proposée dans ce livre. Dire que la monnaie est endogène signifie que sa création résulte essentiellement de la demande de crédit dans l'économie (dans sa partie marchande et/ou sa partie non marchande) et non pas de la multiplication de la base monétaire qui dépendrait des décisions de la banque centrale de refinancer les banques, de la conversion des devises étrangères et du financement éventuel du déficit public. Dès lors, en phase de récession, l'absence de création de monnaie (voire sa destruction) annule l'effet contracyclique qu'aurait pu constituer la baisse des prix, par insuffisance de la demande[1].

Dans les conditions imposées par les transformations du capitalisme mondial, entraînant des crises à répétition, la politique monétaire peut-elle encore jouer un rôle pour réguler l'économie ? Nous en discuterons dans le chapitre suivant.

1. Pour compléter, on peut lire Robert Boyer, « D'un krach boursier à l'autre : Irving Fisher revisité », *Revue française d'économie*, vol. 3, n° 3, été 1988, p. 193-216.

Annexe au chapitre 3

FINANCEMENT DE LA TRANSITION ÉCOLOGIQUE

La conjonction d'une crise sociale et d'une crise écologique, inédite dans l'histoire humaine, fait le caractère systémique de la crise du capitalisme actuel. Son dépassement exige de refonder un mode de développement capable de répondre aux besoins humains, aujourd'hui et demain, tout en sauvegardant les conditions de vie sur la Terre.

Les besoins de financement pour amorcer la transition écologique en Europe sont estimés à hauteur de 3 % du PIB européen, c'est-à-dire 350 à 400 milliards d'euros par an[1] pendant au moins dix ans. À l'échelle du monde, le Programme des Nations unies pour l'environnement (PNUE) estime ces besoins à 2 % du produit mondial, mais sa confiance dans les espoirs de croissance verte conduit sans doute à une sous-estimation des efforts nécessaires. Quant à l'Union européenne, elle estime à 1,5 % du PIB européen les investissements nécessaires pour parvenir à la division par 4 des émissions de gaz à effet de serre à l'horizon 2050. Si l'on prend en compte les investissements à réaliser pour opérer l'ensemble de la transition écologique, et pas seulement son volet réduction des émissions de gaz à effet de serre, l'effort global chiffré à 3 % paraît réaliste.

Dans son rapport de mai 2014, l'Agence internationale

1. Conseil économique, social et environnemental, « Financer la transition écologique et énergétique », Avis présenté par Gaël Virlouvet, septembre 2013 ; http://www.lecese.fr/sites/default/files/pdf/Avis/2013/2013_18_%20financer_transition_ecologique_energetique.pdf.

de l'énergie évalue le montant des investissements pour assurer la transition vers les énergies propres et limiter le réchauffement du climat à 44 000 milliards de dollars jusqu'en 2050. De plus, elle a élaboré le scénario *Blue Map*, dont les indications sont reprises en France par le Conseil économique pour le développement durable, qui estime à 400 milliards de dollars (dollars 2008) par an les investissements mondiaux nécessaires pour transformer les secteurs de la production, des infrastructures, du transport, des équipements et bâtiments, sur la période allant de 2010 à 2050[1]. Le coût est mis en regard des économies d'énergie sur la base d'un prix de la tonne de CO_2 passant à 50 dollars en 2020 et à 175 en 2050[2].

En France, à la suite de la commission Quinet[3] qui avait posé le principe d'une estimation du prix de la tonne de CO_2 à 30 euros, un premier rapport Canfin-Grandjean[4] avait proposé une fourchette de 20 euros en 2020 à 60-80 euros en 2030-2035. Dans un nouveau rapport

1. Pour les données chiffrées, voir le rapport annuel de l'AIE : *World Energy Outlook 2016* ; http://www.iea.org/Textbase/npsum/WEO2016SUM.pdf.

2. Richard Baron, « Quels investissements pour un système énergétique global à faible contenu en carbone ? », *in* Conseil économique pour le développement durable, « Le financement de la croissance verte », avril 2011 ; http://www.developpement-durable.gouv.fr/IMG/pdf/Le_financement_de_la_croissance_verte.pdf.

3. Centre d'analyse stratégique (CAS), « La valeur tutélaire du carbone. Exercices de modélisations et contributions », Rapport de la commission présidée par Alain Quinet, n° 16, La Documentation française, 2009 ; http://www.ladocumentationfrancaise.fr/var/storage/rapports-publics/094000195/0000.pdf.

4. Pascal Canfin et Alain Grandjean, « Mobiliser les financements pour le climat. Une feuille de route pour financer une économie décarbonée », Rapport, juin 2015 ; http://www.ladocumentationfrancaise.fr/var/storage/rapports-publics/154000402.

Canfin-Granjean-Mestrallet[1], la proposition est précisée autour d'un corridor pour la tarification carbone : ainsi, le prix plancher pourrait être fixé entre 20 euros et 30 euros en 2020, avec une augmentation annuelle de 5 à 10 %, afin de dépasser 50 euros en 2030, et le prix plafond à 50 euros en 2020 avec une croissance annuelle similaire à celle du prix plancher. Le 29 mai 2017, la Commission de haut niveau pour les prix du carbone, présidée par Nicholas Stern et Joseph Stiglitz, a remis un rapport préconisant la fixation d'un « corridor de prix du carbone » établi comme suit :

Années	**Corridor du prix du carbone (dollars USA / tonne CO_2)**
2020	24-39
2025	30-60
2030	30-100

« Report of the High-Level Commission on Carbon Prices », p. 33, https://static1.squarespace.com/static/54ff9c5ce4b0a53decccfb4c/t/59244eed17bffc0ac256cf16/1495551740633/CarbonPricing_Final_May29.pdf.

De son côté, une équipe d'économistes animée par Michel Aglietta[2] propose de fixer une « valeur sociale du

1. Pascal Canfin, Alain Granjean et Gérard Mestrallet, « Propositions pour des prix du carbone alignés avec l'accord de Paris », juillet 2016 ; http://www.developpement-durable.gouv.fr/IMG/pdf/Rapport_mission_12_juillet_19h100.pdf. Voir aussi Alain Grandjean et Mireille Martini, *Financer la transition énergétique*, Les Liens qui libèrent, 2016. À noter que ces deux derniers auteurs proposent à tort de « réduire les charges sociales sur le travail » (p. 152).

2. France stratégie, « Une proposition pour financer l'investissement bas carbone en Europe », Note d'analyse de Michel Aglietta, Étienne Espagne et Baptiste Perrissin Fabert, n° 24, 16 février 2015 ; http://www.strategie.

carbone », c'est-à-dire « un prix notionnel défini comme la valeur d'une tonne d'équivalent CO_2 évitée », de telle sorte que les actifs relatifs aux investissements « bas carbone » soient éligibles au rachat par la banque centrale, dès lors qu'ils auraient été garantis comme tels par la puissance publique. Dans ce cadre, si les banques accordaient des prêts aux investisseurs, ceux-ci recevraient des certificats carbone dont ils se serviraient pour rembourser en partie leurs emprunts. Ensuite, les banques auraient la possibilité de se refinancer auprès de la banque centrale grâce à ces certificats carbone. La proposition paraît ingénieuse mais soulève quelques difficultés. La principale est sans doute la confiance que semblent accorder les auteurs à l'intermédiation financière. Cette dernière risque de faciliter la titrisation, le mélange d'actifs de toutes sortes, et de constituer ainsi des portefeuilles au risque disséminé, pour s'attirer les bonnes grâces des agences de notation.

L'ampleur des ressources à mobiliser est telle que l'on retrouve la question de la monnaie, comme condition d'un développement économique, cette fois-ci de qualité et non productiviste. Après l'échec du marché des permis d'émission mis en place dans le cadre du protocole de Kyoto[1], devant les difficultés pour instaurer des taxes écologiques, et face à la frénésie de la finance pour s'emparer

---

gouv.fr/sites/strategie.gouv.fr/files/atoms/files/bat_notes_danalyse_n24_francais_12_mars_17h_45.pdf ; la proposition est reprise dans Michel Aglietta, en collaboration avec Pepita Ould Ahmed et Jean-François Ponsot, *La Monnaie entre dettes et souveraineté*, *op. cit.*

1. En application du protocole signé à Kyoto en 1997 pour diminuer les émissions de gaz à effet de serre, l'Union européenne a mis en place en 2005 un marché de permis d'émission. Mais en attribuant gratuitement ces permis et en trop grand nombre, le prix du carbone sur ce marché s'est rapidement effondré, enlevant toute possibilité d'incitation à la diminution des émissions. Seule la récession après 2008 a eu pour effet de ralentir le volume d'émissions.

de la gestion des ressources naturelles et faire de celles-ci les supports de nouveaux titres financiers, il est crucial de mobiliser les instruments de la politique monétaire. Au moins trois directions devraient être prises :

– Contrôle par les banques centrales, à travers leur politique de refinancement, des crédits accordés par les banques pour des investissements privés « propres ».

– Garantie par les banques centrales des emprunts publics destinés à financer les investissements, notamment ceux liés à la transition.

– Possibilité, si nécessaire, pour les banques centrales de financer par la création monétaire de tels investissements publics, sous la forme d'un *quantitative easing* écologique, par le biais d'achats ou de rachats de titres émis à cette fin.

Ainsi, la qualité de prêteur en dernier ressort des banques centrales doit pouvoir s'exercer à l'égard des institutions bancaires, privées ou publiques, et aussi de l'État et autres administrations publiques. La maîtrise politique et démocratique des banques centrales en est bien sûr une condition.

CHAPITRE 4

Régulation monétaire et politique économique

La politique monétaire est mise en œuvre par la banque centrale. Avec la politique budgétaire et fiscale, c'est l'un des deux principaux leviers de la politique macroéconomique. Ces instruments sont, en principe, coordonnés pour atteindre des objectifs finals, qui, généralement, concernent l'activité économique, l'inflation ou l'emploi et l'équilibre des comptes extérieurs.

Pour faciliter la mise en place et le suivi de la politique monétaire, les autorités monétaires se fixent des objectifs intermédiaires comme les anticipations d'inflation, les agrégats monétaires, les taux d'intérêt ou le taux de change, et des instruments opérationnels, le taux d'intérêt interbancaire en étant le meilleur exemple.

Dans ce chapitre, nous nous intéressons à la mise en place de la politique monétaire dans le cadre d'une même communauté de paiements, d'une zone dans laquelle est reconnue et acceptée une monnaie donnée. Ce cadre est généralement national, mais il peut aussi être plus large, comme dans le cas de la zone euro. L'objectif de ce chapitre est d'abord descriptif : il s'agit de présenter les modalités, les pratiques et les objectifs poursuivis par une banque centrale. Ceux-ci ont évolué : le modèle visant à assurer, sous le contrôle du Trésor, le maintien du plein emploi a été abandonné avec le triomphe du néolibéralisme ; les banques centrales sont devenues indépendantes et soucieuses avant tout de la stabilité des prix ; la crise financière de 2007 a provoqué un débat et une remise en question de leur rôle vis-à-vis de la stabilité financière. Les pratiques des banques centrales ont aussi été profondément modifiées depuis cette crise. Nous avons assisté à la mise en place de politiques monétaires dites « non conventionnelles ». Ces politiques comprennent l'assouplissement quantitatif et la modification de la structure des bilans, comme celle des procédures de refinancement. L'analyse de ces changements constitue le second objectif de ce chapitre : il s'agit de nous interroger sur ces pratiques, leur vocation à devenir une norme de comportement durable et les risques que ces pratiques font courir à l'ensemble de l'économie.

Enfin, il s'agira de définir ce que devrait être la politique monétaire aujourd'hui. Quelles réformes seraient souhaitables pour permettre de poursuivre quels objectifs ? Les politiques de ciblage d'inflation peuvent-elles et doivent-elles encore guider les comportements des banques centrales ? Nous souhaitons mettre en lumière ce que peut et ne peut pas faire une banque centrale, comme ce qu'elle doit et ne doit pas faire. Dans une première section nous verrons que les banques centrales évoluent en fonction des transformations de l'économie. Puis, nous aborderons les liens entre la politique monétaire et le soutien à l'activité économique qui se sont tissés dans l'après-Seconde Guerre mondiale, nous évoquerons le couple politique monétaire/recherche de la stabilité des prix qui se forme dans les années 1980, avant de présenter les évolutions plus contemporaines : nouveau consensus des années 1990-2000 et réactions face à la crise financière déclenchée en 2007.

Les débats concernant le rôle des banques centrales sont finalement anciens et en même temps très actuels. Pour répondre à l'ambition de ce chapitre, nous proposons de suivre un fil conducteur chronologique, constitué par les évolutions de la pensée économique comme par les transformations de la politique monétaire et des banques centrales elles-mêmes.

1. LES BANQUES CENTRALES ÉVOLUENT

Les banques centrales n'ont pas toujours existé. La banque centrale du Royaume de Suède, créée en 1668, la Riksbank, est considérée comme la première des banques centrales. La Banque d'Angleterre est établie peu de temps après, en 1694. Ces deux pionnières ont initialement pour mission d'assurer la stabilité financière et monétaire dans un contexte de développement du crédit bancaire et de financement de l'État, alors que les monnaies sont institutionnellement convertibles en métaux précieux. La Banque de France, créée en 1800, n'obtient le monopole d'émission des billets sur l'ensemble du territoire national qu'en 1848 et ne stoppe définitivement son activité de banque traditionnelle qu'après la Seconde Guerre mondiale, au moment de sa nationalisation.

Le cas français souligne que le modèle de la banque centrale que nous connaissons aujourd'hui a mis du temps à émerger ; paradoxalement, le concept de banque centrale a mis des siècles avant de se formaliser alors que le rôle de la banque centrale avait pu être théorisé, notamment dès 1873 par le Britannique Walter Bagehot dans *Lombard Street*, ouvrage consacré à l'analyse des paniques bancaires et financières. D'ailleurs, la plupart des banques centrales sont des créations récentes, souvent du XXe siècle. Avec l'abandon du lien entre monnaie et métal précieux, un organisme de régulation de la monnaie était devenu absolument nécessaire. La *Federal Reserve* (Fed), banque centrale des États-Unis, est créée en 1913. Elle a pour objectif la stabilisation bancaire et financière, afin d'éviter une nouvelle crise comme celle de 1907. La Banque centrale européenne (BCE), quant à elle, se voit, à sa création en 1998, uniquement confier un objectif de stabilité des prix. Mais, avec la crise, en achetant des obligations d'État sur le marché secondaire, elle transforme la nature de la dette publique, qui devient un engagement monétaire de la banque centrale et, dorénavant dans le cadre de l'Union bancaire[1], elle assure un rôle de supervision des banques commerciales.

À partir du milieu des années 1980 jusqu'à la crise financière de 2007, s'est développée ce que l'on a pu nommer la période de « grande modération », selon l'expression de Ben Bernanke. Cette expression visait à caractériser la période pendant laquelle la politique monétaire allait de pair avec une croissance stable et non inflationniste, dont la Fed s'attribuait ainsi le mérite. Elle souligne que, pendant les années 2000, les banquiers centraux ont complètement ignoré les enseignements de Minsky (1986) qui avait souligné le « paradoxe de la tranquillité » : lors des périodes de stabilité, les agents sont encouragés à prendre de plus en plus de risques, à développer des innovations financières et à oublier les enseignements des crises du passé. De ces pratiques naissent immanquablement les crises, dans un enchaînement rendu plus dramatique par la libéralisation financière internationale. La politique monétaire aurait dû intégrer ces enseignements.

Dans le chapitre 2, nous avons vu que, à l'origine, une banque centrale est à la fois la banque de l'État et la banque des banques commerciales. C'est elle aussi qui

1. La question de l'Union bancaire européenne est plus spécifiquement abordée dans le chapitre suivant.

est chargée de maintenir la confiance dans la monnaie et d'en assurer le caractère social. La banque centrale émettant la monnaie centrale, celle qui a le pouvoir illimité de régler les transactions et les dettes, peut assumer la fonction de prêteur en dernier ressort : c'est l'acteur qui peut, en toutes circonstances, fournir de la liquidité sans limites aux banques commerciales ou à l'État. Cette fonction est primordiale afin d'assurer la stabilité et la confiance dans le système monétaire. Enfin, les banques centrales ont aussi pour fonction de gérer les réserves de change du pays[1].

2. POLITIQUE MONÉTAIRE ET SOUTIEN À L'ACTIVITÉ

1. Le mixage monétaire et budgétaire

La quantité de monnaie est principalement déterminée par la demande de crédits émanant des agents non financiers. Les banques commerciales décident de satisfaire ou non cette demande selon des critères bancaires[2]. La banque centrale ne fait que faciliter ou freiner les opérations de crédit effectuées par les banques commerciales, agissant principalement par sa politique réglementaire et de taux. En décidant d'élever ses taux d'intérêt directeurs, elle peut freiner le crédit et donc l'activité. Mais cette politique n'est pas totalement symétrique ; la banque centrale n'a pas la possibilité, indépendamment de la politique budgétaire, de soutenir en tout temps l'activité. Si l'économie est dans une situation tellement dégradée que les banques commerciales ont des doutes concernant la capacité des emprunteurs à

1. Cet aspect, en lien avec la politique de change, est présenté au chapitre 6.

2. Se reporter au chapitre 2.

demeurer solvables, on peut se trouver dans une situation de pénurie de crédit qui provoque ou entretient la dépression économique, les agents n'investissant plus. La baisse des taux directeurs peut se heurter à un plancher à zéro sans avoir permis la reprise de l'activité ; c'est, par exemple, la situation actuellement rencontrée dans la zone euro. En quelque sorte, c'est comme si on oubliait que pour marcher il faut utiliser ses deux jambes : pour que la politique économique soit efficace, il faut mobiliser la politique monétaire et la politique budgétaire, ce qu'on appelle le *policy mix*.

Cette articulation cohérente des deux leviers de la politique économique est nécessaire pour soutenir l'activité et l'emploi. Elle se met en place dans la plupart des économies développées durant les années 1950. En 1958, l'économiste Alban Phillips découvre, à partir de la compilation de données sur l'économie du Royaume-Uni, une relation qui valide pour les keynésiens l'idée selon laquelle la politique monétaire doit arbitrer entre deux objectifs principaux. En effet, la fameuse courbe de Phillips montre une relation inverse entre le taux de croissance des salaires nominaux et le taux de chômage. Cette relation va être rapidement transformée en relation inverse entre niveau d'inflation et taux de chômage, le niveau d'inflation étant supposé corrélé à l'évolution des seuls salaires. Les autorités économiques doivent ainsi mettre en œuvre une politique discrétionnaire qui arbitre entre l'objectif de réduire l'inflation en contrepartie d'un niveau de chômage plus fort, ou au contraire celui de favoriser l'activité et l'emploi au détriment de la stabilité des prix. Les politiques économiques menées alors cherchent généralement à suivre plusieurs objectifs potentiellement contradictoires, objectifs énoncés par Kaldor en 1971[1] : une inflation faible, un taux de crois-

1. Nicholas Kaldor (dir.), *Conflicts in Policy Objectives*, Oxford, Basic Blackwell, 1971.

sance fort, un niveau d'emploi élevé, un solde commercial excédentaire. Ces quatre éléments associés sont appelés « carré magique ».

Influencés par la macroéconomie keynésienne, les gouvernements s'appuient sur les banques centrales pour mener des politiques économiques actives, afin d'éviter les récessions ou de limiter l'inflation en cas de surchauffe de l'économie. Pour répondre à cette mission, la banque centrale utilise son rôle de banque des banques et, jusqu'aux années 1970, de banque de l'État. Cette dernière caractéristique renvoie à la relation congénitale entre les finances publiques, leur financement et l'émission monétaire, ou tout du moins à son contrôle et au seigneuriage (c'est-à-dire la capacité de bénéficier d'un avantage en contrôlant l'émission monétaire en contrepartie de l'émission de titres de dette).

La banque centrale est par nature impliquée dans la gestion de la dette publique et en assure sa liquidité. Elle détient la possibilité de procéder à des avances au Trésor et elle décide des titres qu'elle accepte en contrepartie du refinancement ; on retrouve généralement des titres de la dette publique à l'actif du bilan de la banque centrale (au passif figure la monnaie émise). Ce mécanisme soutient ainsi le développement et le maintien de la caractéristique essentielle d'actif sans risque et liquide des titres de la dette publique. Certains auteurs[1] repèrent dans une telle organisation de la politique économique ce qu'ils nomment un « régime de domination budgétaire » : la politique monétaire vient en appui de la politique budgétaire, sans contraindre celle-ci, avec, selon ces auteurs, un risque inflationniste.

1. Thomas J. Sargent et Neil Wallace, « Some Unpleasant Monetarist Arithmetic », *Federal Reserve Bank of Minneapolis Quarterly Review*, 1981, vol. 5, n° 3, p. 1-17 ; http://www.nyu.edu/econ/user/bisina/sargent%20 wallace.pdf.

2. *Priorité à l'action sur l'économie réelle*

Dans l'après-guerre, influencées par les travaux de Keynes qui avait identifié l'insuffisance de la demande effective comme cause du marasme économique des années 1930, les politiques économiques menées tendent à adopter le plein emploi comme objectif primordial au détriment du contrôle de l'inflation[1]. La finance est peu développée et la politique monétaire est un instrument clé de la gestion de la demande agrégée : la banque centrale comme organe de l'État est l'institution chargée du contrôle et de la gestion de la monnaie, en lien avec la stabilité financière et les politiques de finances publiques, visant la stabilité économique. Clairement, la banque centrale a la possibilité théorique d'intervenir en tant que prêteur en dernier ressort du gouvernement. Pour cela, elle doit avoir la possibilité d'acquérir des titres de dette du gouvernement directement auprès de lui (sur le marché primaire) en acceptant un taux faible, afin de stopper toute hausse des taux exigés par les offreurs de capitaux qui pourrait mettre en péril l'obtention des objectifs poursuivis. Cette possibilité théorique suffit généralement à maintenir la confiance dans les finances publiques sans que la banque centrale n'ait à acheter constamment des titres de dette sur le marché primaire. Cela peut toutefois être nécessaire, par exemple en cas de forte récession qui nécessite une relance publique alors même que le secteur bancaire et financier connaît des difficultés. En ayant la possibilité d'agir ainsi, la banque centrale assure un coût faible de l'endettement public et met la dette publique à l'abri d'attaques spéculatives aux conséquences potentiellement dévastatrices. Comme nous l'avons montré au chapitre 3, cette époque des politiques keynésiennes était loin d'avoir résolu les

1. Voir plus loin la section 3 de ce chapitre.

contradictions du capitalisme, mais la croissance était globalement forte, l'inflation était rampante mais croissante, les taux d'intérêt étaient bas, les déficits publics étaient faibles et le plein emploi quasi assuré.

Mais la banque centrale n'agit pas sur l'activité réelle uniquement à travers ses relations avec la politique budgétaire. Elle le fait également par sa gestion de l'émission de monnaie centrale offerte aux banques de second rang. Ainsi, elle fixe, via les taux d'intérêt directeurs, le coût de la monnaie centrale offerte aux banques commerciales [1] et le taux de rémunération des réserves que celles-ci peuvent placer auprès d'elle sur une période généralement courte, quelques mois au plus, en temps normal. Cette intervention influence le marché monétaire interbancaire, et donc l'ensemble des taux observés dans l'économie. Une politique de hausse des taux d'intérêt directeurs augmente le coût du crédit bancaire, ce qui entraîne une baisse des montants alloués et freine l'activité économique. De la même façon, en fixant le pourcentage des réserves obligatoires de monnaie centrale par rapport aux dépôts que les banques commerciales doivent conserver, elle renforce les besoins de refinancement des banques et donc l'efficacité de sa politique de taux d'intérêt.

1. L'importance de cette technique qui s'appelle le refinancement est exposée dans le chapitre 2. Concrètement, la banque centrale propose de la liquidité centrale aux banques commerciales, en échange de la prise en pension de titres possédés par celles-ci. À l'échéance, les banques commerciales doivent rembourser en monnaie centrale la banque centrale, montant correspondant à la somme empruntée augmentée des intérêts. La banque centrale rend de son côté les titres qu'elle avait pris en pension. Les différents taux d'intérêt directeurs correspondent aux différentes modalités d'obtention de la liquidité (au jour le jour pour le taux le plus élevé, correspondant aux appels d'offre émis par la banque centrale pour le taux pivot) ou de placement auprès de la banque centrale de la liquidité excédentaire possédée par les banques commerciales (taux de dépôt).

Puisqu'elle contrôle les réserves de change, une banque centrale peut aussi mener une politique de change, c'est-à-dire vendre ou acheter sa propre monnaie sur les marchés des changes pour influencer la valeur externe de celle-ci (voir chapitre 6). Enfin, la banque centrale peut aussi contrôler de manière réglementaire et directe les quantités de crédit offertes, comme elle peut contrôler les opérations de change afin que leur stabilité soit assurée. Ces pratiques d'encadrement du crédit et de contrôle de change sont aujourd'hui délaissées, jugées incompatibles avec la libéralisation financière observée à l'échelle planétaire.

3. POLITIQUE MONÉTAIRE ET STABILITÉ DES PRIX

Dans le contexte stagflationniste (néologisme issu de la contraction des mots « stagnation » et « inflation ») à la suite des chocs pétroliers des années 1970, les économistes monétaristes puis les nouveaux classiques[1] vont battre en brèche le point de vue keynésien, lequel était favorable aux politiques contracycliques dans la conduite de la politique monétaire.

1. Résurgence d'une vieille controverse

On assiste à la relance d'une controverse aussi vieille que l'économie politique, celle qui opposait en Angleterre,

1. La nouvelle école classique ou nouvelle économie classique est représentée par des économistes comme Robert Barro, Robert Lucas, Edward Prescott ou Finn Kydland. Ce sont des théoriciens des anticipations rationnelles : ils partent de l'hypothèse que la capacité de calcul et de traitement de l'information des agents est sans limites et que les interventions publiques brouillent inutilement les signaux des marchés privés.

au début du XIXe siècle, les tenants du *currency principle* et ceux du *banking principle* (voir chapitre 2). Selon les premiers, la hausse des prix est provoquée par le développement trop rapide de la monnaie de papier, la monnaie de crédit dirions-nous aujourd'hui. Le raisonnement repose sur une relation comptable : à tout moment, la monnaie en circulation multipliée par la vitesse de sa circulation est égale aux prix eux-mêmes multipliés par les quantités échangées. Aujourd'hui, les monétaristes vont au-delà de la seule identité comptable : ils postulent qu'il existe une causalité qui part de l'offre de la monnaie (supposée exogène) vers les prix. Ils ajoutent deux hypothèses : la vitesse de circulation de la monnaie est constante et l'économie se situe au plein emploi. Dans la réalité, la première évolue sans cesse, tout comme les quantités de biens et services échangés, d'ailleurs rarement équivalentes à celles compatibles avec le plein emploi. Malgré ces failles, la théorie quantitative de la monnaie reste ancrée dans les esprits.

Si, pour les tenants du *currency principle*, il suffisait que l'offre de monnaie soit strictement couverte par les réserves métalliques de la Banque d'Angleterre afin d'éviter la dépréciation monétaire, les monétaristes et les nouveaux classiques vont obtenir, à la fin du XXe siècle, que les banques centrales changent leurs objectifs et leurs pratiques. La seule mission qui doit leur être confiée est la stabilité des prix.

L'attaque se déroule en deux temps. Le premier temps est marqué par Friedman et les monétaristes. Ils adoptent une vision exogène de la monnaie et sont convaincus de l'émergence naturelle d'un équilibre général réel sur les marchés : la quantité de monnaie n'a aucune influence sur les variables réelles comme le niveau d'activité ou l'emploi. La politique monétaire n'a donc aucune raison de soutenir l'activité et ne peut provoquer que de l'inflation.

Friedman admet cependant en 1973 qu'une politique monétaire expansionniste peut avoir des effets à court terme. Car, dans ce cas, elle favorise l'inflation, le salaire réel diminue, provoquant une baisse des coûts des firmes qui vont alors embaucher. Mais à mesure que les travailleurs obtiennent des hausses de salaires, on revient au niveau d'emploi initial. La courbe de Phillips est verticale à long terme. Les monétaristes sont des quantitativistes : l'offre de monnaie doit être contrôlée et progresser au rythme du taux de croissance d'équilibre. Il s'ensuit que la banque centrale doit suivre cette règle de croissance de l'offre de monnaie.

Le second temps de la remise en cause des fondements du *policy mix* keynésien est provoqué par les économistes de la Nouvelle École classique. Raisonnant aussi en termes d'équilibre naturel, ils postulent en outre que les agents économiques sont parfaitement rationnels. Les effets de court terme admis par Friedman ne sont plus possibles, à moins que les agents soient dupés, en conséquence de l'action politique. Ces duperies se traduisent *in fine* par de l'inflation supplémentaire. Pour éviter toute anticipation d'inflation supplémentaire, l'action de la banque centrale doit devenir crédible en s'orientant vers un objectif à long terme de faible inflation.

Cette contre-révolution dans la définition des objectifs de la politique monétaire trouve des échos particuliers en Europe, et spécifiquement en Allemagne. L'école ordolibérale s'y est développée lors des années 1930 ; celle-ci fait de la stabilité monétaire un principe fondamental. Pour ce courant, la conduite de la politique économique en général et monétaire en particulier doit être encadrée par des règles clairement établies et strictement respectées. Adoptant aussi une vision quantitativiste de l'inflation, la banque centrale doit avoir pour mission la stabilité des prix et être placée hors de l'influence du gouvernement qui pourrait souhaiter s'appuyer sur celle-ci et générer de l'inflation aux conséquences potentiellement dramatiques comme l'hyperinflation.

2. Les politiques monétaires deviennent monétaristes

Ces débats au sein de la sphère académique vont provoquer des modifications importantes concernant les régimes de politique monétaire établis dans la plupart des économies à partir de la toute fin des années 1970. Un événement permet de dater facilement le retournement : la politique monétaire de la Fed change à partir de la nomination à sa tête de Paul Volcker lors de l'été 1979. Volcker va adopter une stratégie de remontée forte et rapide des taux directeurs afin de lutter contre l'inflation. Revenant d'un consensus en faveur de régimes de domination budgétaire, cela marque la mise en place des régimes de domination monétaire (toujours selon l'expression de Sargent et Wallace, 1981) parfois extrêmes, comme c'est encore aujourd'hui le cas dans la zone euro : les autorités monétaires se consacrent au contrôle de l'inflation, alors que les autorités budgétaires doivent mener une politique des finances publiques qui leur permet de rester solvables sans aucun recours possible au financement de la banque centrale. Dans ce cadre, les dettes publiques ne sont plus garanties et un conflit peut se produire entre politique monétaire et politique budgétaire.

De fait, ce type de politique économique subordonnée à une politique monétaire orthodoxe a volé en éclats sous les effets de la crise financière, comme nous l'aborderons dans la section suivante. L'objectif unique d'inflation faible est fondé sur une analyse fausse de l'inflation. En effet, il est possible d'analyser autrement un processus inflationniste, en s'intéressant aux comportements et au conflit de répartition qui se noue autour du partage de la valeur ajoutée générée dans une économie[1].

4. LES PRATIQUES ACTUELLES DES BANQUES CENTRALES

Depuis les années 1990, les banques centrales ont beaucoup évolué dans leur organisation comme dans leurs pratiques. Ayant abandonné le *policy mix* keynésien, ainsi que le ciblage des agrégats monétaires des monétaristes (qui consistait à contrôler et maîtriser la quantité de monnaie en circulation par la banque centrale), les banques centrales sont à la recherche de nouveaux fondements de leur crédibilité, tandis que le poids des marchés financiers s'accroît. Cela se manifeste tant du côté institutionnel que de celui des instruments de politique monétaire.

1. Sur le plan institutionnel

Afin de réduire le biais inflationniste des gouvernements supposé par les nouveaux classiques, l'indépendance ou une forte autonomie est donnée à partir de 1990 aux banques centrales. Un mandat clair et à moyen ou long terme centré sur la lutte contre l'inflation leur est délégué par les États.

C'est le cas de la Banque centrale européenne (BCE) et des banques centrales nationales des pays de la zone euro, l'indépendance et le mandat étant inscrits dans le traité de Maastricht de 1992 repris dans le traité de Lisbonne de 2009. Le président de la BCE est nommé pour un mandat long et unique de huit ans. Durant cette période, il n'a de compte à rendre ni au Conseil européen qui l'a nommé,

1. C'est notamment sur ce point que se rejoignent les économistes postkeynésiens, les marxistes et les structuralistes : se reporter au chapitre 3.

ni au Parlement européen, ni à la Commission. Sur les 21 voix du conseil de politique monétaire de la BCE, 15 reviennent aux banquiers centraux nationaux et seulement 6 aux membres nommés par le Conseil européen. La BCE est une créature des banquiers centraux. Le contrôle démocratique n'est donc pas assuré. La coordination avec les politiques budgétaires nationales n'est pas plus garantie, car censée être réglée par le strict respect de règles intangibles s'imposant aux gouvernements et contrôlées par la Commission en amont du vote des parlements nationaux (c'est ledit semestre européen). Le respect de ces règles ne résiste pas aux chocs économiques, en particulier lorsqu'ils sont différents entre les pays de la zone euro. Cette absence de coordination explique la grande faiblesse de la zone euro face aux crises économiques. La cible de 2 % d'inflation a été définie par la BCE dans le cadre de son mandat hiérarchisé : stabilité des prix puis seulement ensuite les autres objectifs[1]. Au Canada et au Royaume-Uni, la cible de 2 % d'inflation a été définie par le gouvernement. Et, au Canada, elle ne peut être modifiée que tous les cinq ans afin de réduire l'incertitude sur la politique.

En retirant l'instrument monétaire au gouvernement et en imposant de strictes règles d'équilibre budgétaire, l'Union monétaire européenne a rendu quasi impossibles les politiques contracycliques keynésiennes et plus généralement la capacité à faire face aux chocs symétriques et asymétriques dans la zone. L'action économique des

1. Le Traité sur le fonctionnement de l'Union européenne définit dans son article 127 les objectifs de la politique monétaire menée : « L'objectif principal du Système européen de banques centrales, ci-après dénommé "SEBC", est de maintenir la stabilité des prix. Sans préjudice de l'objectif de stabilité des prix, le SEBC apporte son soutien aux politiques économiques générales dans l'Union, en vue de contribuer à la réalisation des objectifs de l'Union. »

gouvernements est fortement réduite et plus délicate à mettre en œuvre.

La Fed est, elle, dotée depuis longtemps d'une large autonomie et son statut n'a pas été récemment modifié. Son président est nommé par le président des États-Unis, et le Congrès, qui détermine son mandat, peut le démettre à tout moment. Il y a une vraie responsabilisation de la Fed sur le respect de ses objectifs. Au Conseil de politique monétaire (le FOMC, *Federal Open Market Committee*), les 12 banques centrales régionales n'ont que 5 voix contre 7 aux membres nommés par le président des États-Unis pour quatorze ans, par renouvellement partiel tous les deux ans. Ces nominations sont ratifiées par le Sénat. La Fed est une créature du Congrès qui n'a pas remis en question le mandat dual keynésien (plein emploi et stabilité des prix), mandat dit Humphrey-Hawkins datant de 1978. Seule modification récente, Ben Bernanke a doté la Fed d'une cible explicite d'inflation de 2 % à partir de janvier 2012. L'équilibre des pouvoirs entre le législatif, qui détermine le mandat et vérifie sa réalisation avec un pouvoir de sanction, et l'exécutif, qui nomme le président de la Fed pour un mandat de quatre ans renouvelable, assure un contrôle démocratique.

2. L'évolution des instruments de politique monétaire

Tenant compte de la faillite des politiques monétaristes incapables de prévenir et de parer les crises financières, un courant baptisé « nouveau keynésien » ou « néokeynésien »[1] a plaidé pour modifier les pratiques de politique

1. À ne pas confondre avec le courant dit postkeynésien, beaucoup plus radical. Les postkeynésiens ont relié la dynamique économique à la répartition des revenus (Kalecki, Kaldor, Robinson) et mis en évidence l'instabilité financière (Minsky). Le courant appelé « nouveau keynésien »

monétaire. Pour éliminer les erreurs d'anticipations considérées comme l'explication de l'instabilité à court et moyen terme, l'objectif de la politique monétaire est d'ancrer les anticipations d'inflation des agents économiques sur la cible avancée par la banque centrale. Dès lors, si les agents anticipent une inflation égale à la cible, l'inflation constatée sera celle annoncée par la banque centrale. Mais pour réussir ce pari, celle-ci doit être crédible et inspirer confiance aux agents. Une forte transparence et une bonne communication deviennent alors le cœur d'une politique monétaire cherchant à réduire l'incertitude. Le canal des anticipations devient le canal privilégié de la politique monétaire. Les banques centrales cherchent à maîtriser les anticipations d'inflation en annonçant à l'avance (*forward guidance*) leurs taux directeurs, afin d'orienter l'ensemble des taux d'intérêt, de court et de long terme.

Dans la pratique, cela se traduit par des dates de modifications des taux directeurs connues à l'avance et réduites à 12 par an à la BCE (premier jeudi de chaque mois) et à la Banque d'Angleterre ou à 8 par an à la Fed et à la Banque du Canada. Ces réunions sont précédées et suivies d'une communication intense et ciblée permettant d'éviter tout effet de surprise lors des décisions. Mais cette stratégie n'est en fait destinée qu'à rassurer les marchés financiers, auxquels les objectifs de politique restent globalement soumis.

Les variations des taux directeurs sont très faibles (0,25 point de pourcentage en général), car elles sont utilisées essentiellement comme signal et plus vraiment pour leur

---

ou « néokeynésien » regroupe des économistes héritiers de la « synthèse néoclassique », mais qui ont porté un regard critique sur les politiques néolibérales (à l'instar de Stiglitz). Contrairement aux postkeynésiens, les néokeynésiens croient au retour automatique de l'économie à l'équilibre de plein emploi.

impact sur le coût du crédit, sauf au plus fort de la crise en 2008-2009.

L'objectif habituel des banques centrales reste une cible du rythme d'inflation de 2 %. Derrière cet affichage et cette communication centrée sur l'inflation, les banques centrales suivent un nouveau consensus néokeynésien qui préconise un arbitrage entre deux écarts : l'écart entre l'inflation constatée et la cible de la banque centrale ; et l'écart entre la production constatée et la production potentielle. Cette relation a été formalisée en 1993 par la « règle de Taylor[1] ». Ainsi, la production est bien intégrée, mais avec une référence à une production d'équilibre de long terme, dite potentielle, dont l'existence et le calcul posent de gros problèmes méthodologiques, notamment à cause de la référence au concept monétariste de « chômage naturel » et à la croyance en un équilibre de long terme prédéterminé.

La crise de 2007-2008 a remis en question ledit néo-keynésianisme et les banques centrales ont dû innover dans l'urgence. Non seulement l'instabilité financière et le spectre d'une grave crise du système bancaire ont poussé les banques centrales à venir au secours des banques, mais le risque important de déflation (baisse conjuguée des prix et de la production) les a également obligées à s'intéresser plus sérieusement à la production. Selon les canaux traditionnels de la politique monétaire, une baisse importante des taux d'intérêt directeurs est en mesure de lutter contre le risque de déflation, en facilitant le crédit,

1. Cette règle met le taux d'intérêt directeur de la banque centrale en relation avec l'écart d'inflation et l'écart de production. Le taux d'intérêt augmente avec l'inflation et diminue lorsque la production augmente moins vite que la production potentielle. La règle de Taylor a eu un retentissement important quand les banques centrales ont justement décidé de faire du taux d'intérêt leur outil principal d'action.

l'investissement, l'immobilier, tout en favorisant généralement les débiteurs. Mais une fois les taux d'intérêt baissés à 0 %, tandis que la crise n'est toujours pas jugulée, les banques centrales ont perdu toute capacité d'action par la politique conventionnelle.

Elles ont alors dû mettre en œuvre des politiques non conventionnelles, appelées aussi ZIRP (*Zero Interest Rate Policy*, politique à taux d'intérêt zéro), alliant leur rôle traditionnel de prêteur en dernier ressort du secteur bancaire (assurer la liquidité des banques) à celui, nouveau, de contrepartiste en dernier ressort (assurer la liquidité des actifs et donc des marchés financiers). Trois types d'instruments de politique non conventionnelle ont été mis en œuvre : l'assouplissement du crédit (*qualitative easing*), qui consiste à élargir les conditions d'intervention de la banque centrale, l'assouplissement quantitatif (*quantitative easing*), où la banque centrale achète massivement des titres sur les marchés financiers, et le guidage par anticipation des taux à court terme (*forward guidance*), quand la banque centrale annonce à l'avance l'orientation future de la politique monétaire.

Avec l'assouplissement quantitatif (*quantitative easing*), la banque centrale augmente fortement la taille de son bilan en créant des quantités importantes de monnaie centrale afin de garantir les paiements interbancaires, ce qui facilite grandement le refinancement des banques de second rang. La quantité de titres acceptés en contrepartie de la fourniture de monnaie centrale s'accroît nettement et rapidement, selon les statistiques publiées par la BCE. Globalement, les banques centrales ont multiplié par 3 leur bilan après 2008. La BCE a, au départ, réagi avec plus d'hésitations et dans de moindres proportions que les autres banques centrales, donnant ainsi clairement la priorité à son objectif de stabilité des prix, avant de changer d'attitude face à la très forte détérioration de la situation de la zone euro.

Les banques centrales peuvent également faciliter le

ENCADRÉ 4.1

L'hélicoptère monétaire

L'hélicoptère monétaire est une image qui fut employée la première fois par l'économiste monétariste Milton Friedman en 1969. Il avait déjà entrepris une critique de l'action keynésienne de l'État, mais, soucieux tout de même d'éviter la déflation, il suggéra de « lâcher par hélicoptère » de la monnaie sur les individus qui bénéficieraient ainsi d'un impôt négatif, variante de l'allocation universelle[1]. L'idée fut reprise en 2002 dans un contexte de ralentissement économique général par le président de la Réserve fédérale (Fed), Ben Bernanke. Puisqu'elle consiste à injecter de la monnaie nouvelle dans l'économie, certains suggèrent une parenté avec le *quantitative easing* (assouplissement monétaire) pratiqué depuis la crise de 2007-2008 par la Fed, puis par les autres banques centrales, dont la Banque centrale européenne (BCE). Sauf que l'hélicoptère actuel des banques centrales est dirigé vers les banques ordinaires, les compagnies d'assurances, les fonds de pension et autres institutions financières, et non vers les individus ou les budgets publics. Plutôt que de permettre une impulsion budgétaire honnie, les libéraux, tout en affichant une orthodoxie en matière de politique monétaire, envoient dans les airs l'hélicoptère monétaire.

Mais, quand on cadenasse la politique budgétaire, soit

1. Milton Friedman, « The Optimum Quantity of Money », dans *The Optimum Quantity of Money and Other Essays*, Chicago, Aldine, Publishing Company, 1969. Friedman abandonnait-il ainsi son idée que la politique monétaire était neutre à long terme ? Non, mais la contradiction interne au monétarisme apparaît alors : la politique monétaire ne sert à rien si elle va de pair avec un verrouillage de la politique budgétaire. Telle est l'opposition entre Friedman et Keynes : pour ce dernier, politiques monétaire et budgétaire doivent être couplées.

en diminuant la fiscalité pesant sur les riches pour mieux justifier une baisse des dépenses publiques, soit en diminuant directement celles-ci, l'économie se contracte, raréfiant les occasions d'investir des secteurs marchand et non marchand. Dès lors, les liquidités injectées par les banques centrales tombent dans un puits sans fond, une trappe à liquidités disait Keynes, ou, pire, sont dirigées vers la spéculation qui gonfle les bulles financières.

Ainsi, la BCE rachète des titres aux banques avec la monnaie qu'elle injecte, mais il lui est interdit de les acheter directement aux États, obligés de passer par les marchés financiers et toujours sous la menace d'une hausse future des taux d'intérêt. Certes, ceux-ci sont très bas aujourd'hui, voire nuls. Pourquoi alors ne pas permettre à la banque centrale de prêter gratuitement au Trésor public ou bien remettre à l'ordre du jour un circuit du Trésor indépendant des marchés financiers, comme c'était le cas après-guerre ? Parce que les néolibéraux veulent absolument développer un marché privé de la dette publique et que soit supprimée toute possibilité de monétiser les déficits publics, même pour investir, c'est-à-dire de créer directement de la monnaie centrale, au prétexte que, selon les monétaristes, il existerait un risque inflationniste.

Contrairement à la vision monétariste et à celle du nouveau consensus qui font de la politique monétaire l'instrument de politique économique prépondérant, nous pensons que la politique monétaire ne peut remplacer la politique budgétaire. Elle n'en a ni la vocation ni la capacité comme nous le voyons actuellement : la politique monétaire ne peut permettre à elle seule le rebond de l'activité économique. Politique monétaire et politique budgétaire sont deux instruments complémentaires de la politique économique.

Au-delà de cet argument, les pratiques bancaires capitalistes actuelles étant nocives, les choses changeraient-elles si la BCE distribuait quelques centaines d'euros par mois

→

> à chaque citoyen (d'où l'expression *quantitative easing for people*) au lieu d'échanger 80 milliards d'euros contre des titres possédés par les banques ? Le problème à résoudre resterait entier : comment affecter la monnaie au financement d'une production utile pour la société ?
>
> Le capitalisme est devenu hors sol : la « planche à crédit » est une sorte d'hélicoptère pour le capital qui joue contre la société. Mais un hélicoptère pour le peuple laisserait de côté l'essentiel : la transformation des rapports de production, qui ne découle pas de la direction prise par l'hélicoptère, fût-ce vers les consommateurs. La monnaie est une institution sociale pour accompagner les choix collectifs de production. D'où l'importance d'avoir un assouplissement monétaire en contrepartie d'investissements de transition vers un autre modèle de développement humain, dans le cadre d'un système bancaire entièrement socialisé.

crédit (*credit easing*) en modifiant la structure de leur bilan et celle des banques. En acceptant en garantie (collatérale) des titres risqués, elle améliore la qualité des bilans bancaires en substituant à des actifs de mauvaise qualité de la monnaie centrale qui est un actif sans risque. Ces deux premières politiques menées conjointement sont de nature à relancer l'offre de crédit des banques. Toutefois, si la demande de crédit n'est pas au rendez-vous à cause de l'incertitude due à la crise, cela ne créera pas de monnaie, ni ne relancera l'économie. Un danger est que ces liquidités qui ne rapportent rien soient utilisées par les banques pour acheter des titres financiers provoquant une nouvelle bulle spéculative. Étant donné que les banques centrales ne créent plus que de la monnaie centrale et non de la monnaie utilisée directement dans l'économie, l'efficacité est donc indirecte et très incertaine.

Enfin, les banques centrales ont modifié les procédures de refinancement, en particulier par l'allongement de la durée du refinancement qui est passée en moyenne de trois semaines à trois ans avec les programmes LTRO lancés en 2012 et TLTRO en 2014 (LTRO pour *long term refinancing operation* et TLTRO pour *targeted longer-term refinancing operation*). Ainsi, les banques sont assurées de détenir suffisamment de monnaie banque centrale à long terme. Le taux de réserves obligatoires a également été diminué pour réduire le besoin en monnaie centrale.

Le changement d'attitude de la banque centrale européenne évoqué ici se repère aussi par la lecture du graphique suivant :

Principaux taux directeurs de la BCE, janvier 2007-janvier 2017

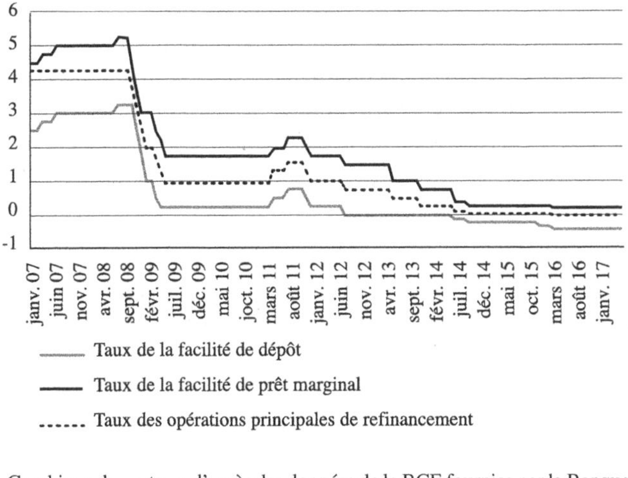

Graphique des auteurs d'après des données de la BCE fournies par la Banque de France, consultées le 17 juillet 2017 (http://webstat.banque-france.fr).

On voit très clairement la chute prononcée des taux directeurs[1] à la fin du troisième trimestre de l'année 2008 ; de septembre 2008 à mai 2009 le principal taux de la BCE est ramené de 4,25 % à 1 %. Cette baisse intervient en réaction aux effets de la crise financière mondiale et n'a pas été contrecarrée depuis malgré des tergiversations qu'on peut repérer lors de l'année 2011. Depuis septembre 2014, le principal taux de refinancement est très légèrement supérieur ou égal à 0 % dans la zone euro. Le taux de facilité de dépôt est quant à lui négatif, diminué jusqu'à - 0,40 % en avril 2016.

L'EONIA, le taux de marché auquel les banques commerciales consentent à se prêter entre elles, tend à être confondu avec le taux de la facilité de dépôt. Cela indique que les banques sont « surliquides ». Normalement, ce taux interbancaire évolue autour du taux des opérations principales de refinancement, dans le corridor formé par les deux autres taux directeurs. Cette situation originale signifie qu'actuellement les banques n'utilisent pas suffisamment ces liquidités pour offrir des crédits. Cela indique aussi que le nombre d'entreprises et de ménages jugés solvables par les banques est faible, conséquence de l'atonie de l'activité.

Enfin, puisque le principal taux d'intérêt directeur à 0 % ne peut plus être abaissé et que les mesures adoptées n'ont pas permis de réactiver sensiblement l'activité réelle, les

1. Le taux de facilité de dépôt est le taux d'intérêt versé par la banque centrale pour rémunérer les liquidités déposées pour vingt-quatre heures par les banques. Il est aujourd'hui négatif : les banques doivent payer pour cela. Le taux de la facilité de prêt marginal est le taux auquel les banques peuvent emprunter de la monnaie centrale auprès de la banque centrale pour vingt-quatre heures. Enfin, le taux des opérations principales de refinancement est compris entre ces deux taux : c'est le taux auquel les banques commerciales empruntent la monnaie banque centrale pour des échéances de quelques semaines à quelques mois auprès de la banque centrale. C'est le principal taux d'intérêt directeur.

banques centrales cherchent aussi à influer sur les taux d'intérêt à long terme. Par des politiques d'achat de titres d'État de long terme contre la vente de titres de court terme (politique de *twist* aux États-Unis) ou par la gestion des anticipations d'inflation à long terme (*forward guidance*), les banques centrales essayent de faire baisser les taux longs pour faciliter la reprise économique et un financement bon marché des États.

L'efficacité des politiques non conventionnelles est indéniable dans la résolution de la crise bancaire et financière, mais l'interdiction faite à la BCE d'intervenir directement sur les dettes des États membres, donc d'être, dans un premier temps, acheteur en dernier ressort de bons des États, a empêché de gérer la grave crise des dettes souveraines européennes en 2010[1] et d'offrir aux États européens la possibilité de mettre en place une véritable politique contracyclique en mesure d'empêcher la récession et ainsi de limiter les conséquences réelles (en termes de chômage notamment) de la crise déclenchée initialement aux États-Unis en 2007.

Ces politiques, qui ne devaient durer que quelques mois, sont toujours à l'œuvre dix ans après le début de la crise. Elles pourraient être progressivement abandonnées si la

1. Le discours de Mario Draghi, président de la BCE, prononcé à Londres en juillet 2012 où il indique qu'il fera tout pour sauver l'euro « quoi qu'il en coûte » et le programme de rachat de titres de dette souveraine intitulé OMT (*Outright Monetary Transactions* pour opérations monétaires sur titres), lancé quasi simultanément, ont été décisifs dans l'extinction de l'incendie sur les dettes souveraines européennes dont les taux explosaient pour les pays jugés fragiles. Mais ce programme, qui n'a même pas eu besoin d'être activé, est un programme qui a rassuré les marchés financiers quant à la possibilité d'avoir un contrepartiste pour des titres détenus. Il ne vise pas à permettre un financement pérenne pour les États européens permettant la mise en place d'une politique de relance qui pourrait dans le même temps viser à la mise en place de la transition écologique.

reprise économique se concrétisait, mais rien n'est moins sûr et les bilans des banques centrales en garderont encore longtemps les stigmates. De toute façon, la remontée des taux d'intérêt devra être très progressive et lente pour éviter de fragiliser à nouveau les dettes souveraines et plus généralement le financement des États. Cette stratégie sera d'ailleurs risquée : la perspective d'un krach obligataire ne peut pas être écartée ; les titres émis aujourd'hui se verraient largement dévalorisés par la remontée des taux d'intérêt[1], affectant par ricochet les bilans des acheteurs de ces titres et donc naturellement les banques commerciales.

5. POLITIQUE MONÉTAIRE *VERSUS* STABILISATION FINANCIÈRE

Dans la seconde moitié du XXe siècle, les banques centrales avaient admis la séparation entre la politique monétaire et la politique de stabilisation bancaire et financière, se concentrant sur la première, sans exclure de sauver épisodiquement une banque connaissant une crise de liquidité. Mais la financiarisation des économies après 1980, sous l'impulsion des idées néolibérales, avec son lot de dérégulations, de déréglementations et de désintermédiation bancaire mettant à mal l'édifice de régulation construit après la crise de 1929, a vu ressurgir des crises financières de plus en plus nombreuses et violentes. La faillite en septembre 2008 de Lehman Brothers a marqué le début d'une très grave crise de liquidité au sein des banques et d'une chute brutale des marchés financiers qui ont contraint les banques centrales à se concentrer sur la stabilisation bancaire et financière, une vraie rupture pour elles.

1. Rappelons que le cours des titres obligataires et le taux d'intérêt évoluent en sens inverse.

1. Séparation entre la politique monétaire et la politique de stabilisation financière

Jusqu'à la crise de 2007-2008, on applique le principe dit de séparation : à chaque objectif doit être associé un instrument. D'une part, la politique monétaire permanente vise des objectifs macroéconomiques en agissant sur le taux d'intérêt. D'autre part, la politique épisodique de stabilité financière agit par la régulation de la quantité de monnaie banque centrale. Dès lors, la régulation financière et bancaire est essentiellement le fait d'institutions dédiées à cette fonction et d'une réglementation stricte empêchant les excès de la finance[1].

Selon le principe de séparation entre politique monétaire et politique de stabilisation financière, il n'y a pas d'articulation entre l'objectif de stabilité des prix et la stabilité financière, ce qui n'empêche pas la banque centrale, face à une crise financière, d'intervenir selon la démarche inspirée de Walter Bagehot[2] et qui repose sur quatre piliers :

– la banque centrale doit assurer pleinement son statut de prêteur en dernier ressort et donc créer toute la quantité

1. Plus récemment, d'autres arguments contre l'intervention de la banque centrale en faveur de la stabilisation financière ont été avancés. Pour Greenspan, une banque centrale ne peut lutter efficacement contre les bulles spéculatives, mais uniquement intervenir lors de leur éclatement. Le boom n'est pas inflationniste puisqu'il entraîne uniquement une hausse du prix des actifs financiers (non inclus dans les indices de prix), alors que la crise peut conduire à la déflation. L'asymétrie concerne aussi l'efficacité de l'instrument du taux d'intérêt : celui-ci ne peut monter de manière suffisante pour dégonfler une bulle sans « tuer » l'économie réelle. En revanche, une baisse rapide des taux est de nature à « soigner » la crise. Cette conception est appelée *benign neglect*.

2. Walter Bagehot, *Lombard Street*, 1973, Payot, 2009.

de monnaie banque centrale demandée par les banques commerciales pour se payer entre elles ;
– mais en exigeant des titres en garantie (collatéraux) de qualité ;
– à des taux élevés ;
– et sans que ce refinancement illimité n'ait d'influence sur la politique monétaire conventionnelle, c'est-à-dire sur la politique de taux d'intérêt.

Bagehot ajoutait également qu'il fallait faire la différence entre une crise de solvabilité et une crise de liquidité des banques. Une banque commerciale est en crise de solvabilité si elle n'a plus les contreparties à son actif pour gager la monnaie gérée à son passif ; elle est *de facto* en faillite. En revanche, elle est en crise de liquidité si la valeur de son actif couvre son passif, mais que la transformation bancaire découlant d'un actif à long terme et d'un passif à court terme l'empêche de liquider suffisamment rapidement son actif pour faire face à ses engagements envers les autres banques et clients. La banque centrale doit et peut sauver les banques commerciales en crise de liquidité, en créant la monnaie banque centrale nécessaire : c'est son rôle de prêteur en dernier ressort. Mais elle doit abandonner les banques commerciales insolvables, car leur crise relève de l'erreur de gestion. La Fed a ainsi justifié la mise en faillite de Lehman Brothers en septembre 2008.

Toutefois, l'économiste Hyman Minsky (1975) a insisté sur le caractère endogène des crises financières et a montré que, lors d'une crise financière sérieuse, les crises de liquidité et de solvabilité étaient imbriquées et s'entretenaient. Une banque en crise de liquidité doit brader ses actifs financiers pour obtenir de la monnaie banque centrale, ce qui la mène à l'insolvabilité. *A contrario*, une banque soupçonnée d'insolvabilité n'arrive plus à se refinancer en monnaie banque centrale et connaît une crise de liquidité.

Par ailleurs, le paradoxe de « crédibilité » inspiré des travaux de Minsky montre que stabilité monétaire et stabilité financière ne peuvent être séparées : c'est parce que les agents financiers ont eu une confiance excessive dans la politique monétaire et sa crédibilité au début des années 2000, au moment de la « Grande Modération », qu'ils ont pris les risques excessifs qui ont conduit à la crise financière à partir de 2007[1].

2. La crise oblige à stabiliser la finance, ce qui compromet la politique monétaire

L'adoption de politiques prudentielles sous l'égide du comité de Bâle (ratio Cooke avec Bâle I, puis McDonough avec Bâle II, imposant un minimum de fonds propres aux banques) et l'étude des risques financiers par des agences de notation étaient supposées prévenir les crises financières, grâce à des provisions et une meilleure évaluation des risques. Enfin, l'ingénierie financière était également présentée comme plus efficiente pour gérer les risques financiers, sans que l'on comprenne très bien en quoi le fait de transférer, par des techniques d'une grande complexité, un risque à un agent incapable de bien le mesurer pourrait faire baisser le niveau de risque global.

On a vu que ces espoirs étaient vains et que la finance libéralisée produisait des crises de plus en plus fréquentes et violentes. En septembre 2008, plus aucune banque commerciale n'acceptait de prêter de la monnaie banque centrale aux autres banques, déclenchant une violente crise de liquidité, en grande partie parce que la chute du

1. Jean-Paul Betbèze, Christian Bordes, Jézabel Couppey-Soubeyran et Dominique Plihon, *Quelles leçons de la crise pour les banques centrales ? Débat autour d'une refondation de leurs missions*, La Documentation française, 2012.

prix des actifs financiers remettait en cause leur solvabilité en dégonflant la valeur de leur actif. En cherchant alors à vendre les actifs sur les marchés encore sains, par exemple à l'étranger, les banques ont propagé la crise, aggravant le risque systémique. Ce dernier épisode n'a pas laissé le choix aux banques centrales : il fallait empêcher une crise bancaire généralisée et un effondrement du prix des actifs financiers, faute de quoi une dépression du type de celle de 1929 était inévitable. Cela a conduit *de facto* à l'abandon du principe de séparation et à l'adoption des politiques monétaires « non conventionnelles ».

Du rôle de prêteur en dernier ressort, les banques centrales sont passées au rôle de contrepartiste en dernier ressort, afin d'assurer un prix et donc une liquidité à des actifs financiers devenus invendables, se transformant de fait en *bad banks*. Enfin, à l'exception américaine de Lehman Brothers, aucune des nombreuses grandes banques devenues insolvables n'a été mise en faillite. Le fait que les banques pouvaient être *too big to fail* (trop grosses pour faire défaut) a justifié le sauvetage, même en cas d'insolvabilité, à cause d'un risque systémique, c'est-à-dire du risque de contagion aux autres institutions par un effet domino. Ainsi, aucun des quatre principes de Bagehot n'a été conservé.

Ces politiques de stabilisation financière affaiblissent la politique monétaire, puisque les banques obtiennent des quantités extrêmement importantes de monnaie banque centrale à moyen terme, ce qui les rend insensibles à des variations futures du taux d'intérêt. De plus, le système s'habitue à des taux d'intérêt très faibles, notamment les États, qui verront le coût de leur dette augmenter brutalement lors de la sortie de ces politiques non conventionnelles. En effet, celles-ci n'intègrent pas le retournement inévitable de la politique monétaire. La valeur des obligations souveraines actuelles chutera. Elles détérioreront également la qualité de l'actif de la banque centrale, pouvant conduire à des pertes importantes. Avec en plus des taux d'intérêt égaux à zéro, l'impasse de la politique monétaire sera totale.

Au final, la création massive de monnaie centrale n'augmente pas automatiquement la masse monétaire en circulation, si les banques commerciales n'accordent pas de crédit. Or la crise, doublée de la peur de prendre de nouveaux risques, fait qu'elles en accordent peu. Il n'y a donc pas une quelconque « planche à billets ». Cette monnaie banque centrale sert essentiellement à assurer les paiements entre banques, à sécuriser leur actif ou, hélas, à participer à la spéculation. Le risque le plus important est donc de créer une nouvelle bulle spéculative. Ce n'est pas une théorie quantitative mais qualitative de la monnaie qu'il faut avoir, c'est-à-dire regarder attentivement à quoi elle sert. En effet, si l'impact de la création de monnaie banque centrale sur l'activité économique réelle est souvent faible, une partie peut se retrouver sur les marchés financiers. Le flux nouveau de monnaie face au stock de titres fera monter les prix, générant des plus-values boursières justifiant de nouveaux achats et déclenchant la bulle.

Après l'abandon du principe de séparation, il est temps de modifier le cadre de la régulation financière et bancaire, afin d'anticiper la sortie des politiques non conventionnelles et de permettre à l'avenir une coexistence plus harmonieuse des objectifs de la politique monétaire et de la politique de stabilisation financière. Les banques centrales doivent jouer un rôle fondamental dans la stabilité financière, en exerçant une surveillance microprudentielle des banques, comme l'Union bancaire dans la zone euro le laissait espérer[1], mais aussi en évitant les risques systémiques, par un contrôle macroprudentiel, c'est-à-dire l'étude des risques et des situations macroéconomiques pouvant par

1. Nous aborderons les insuffisances et les limites actuelles de l'Union bancaire dans le chapitre suivant.

leurs interactions déclencher une crise. Nous précisons ces enjeux dans le chapitre suivant.

En guise de conclusion sur ce chapitre et face aux enjeux actuels, il nous paraît indispensable que la politique monétaire soit entièrement repensée. L'histoire et l'analyse économique peuvent nous indiquer les missions qu'il est possible et judicieux de conférer à une banque centrale et, dans le même temps, ce qu'on ne doit pas attendre d'une banque centrale ou ce qu'elle ne devrait pas effectuer.

La stagnation dans laquelle est empêtrée la zone euro est la meilleure preuve qu'on ne peut pas tout attendre de la politique monétaire. La politique monétaire la plus accommodante à destination des banques commerciales (c'est-à-dire la fourniture en quantité quasi illimitée de la liquidité à taux très faibles par la banque centrale) ne peut seule soutenir l'activité économique. Il est nécessaire de permettre une articulation étroite entre la politique monétaire et la politique budgétaire. Pour cela, il est indispensable que la banque centrale puisse acquérir sur les marchés primaires des titres de dette de l'État. Cela évite que les taux d'intérêt exigés par les marchés financiers puissent s'élever brutalement et fortement.

Il est important aussi que la banque centrale, face à une éventuelle reprise économique, n'ait pas de réflexes conservateurs vis-à-vis de l'inflation : la meilleure façon de casser un rebond économique serait d'adopter une hausse des taux d'intérêt précoce sous prétexte de lutter contre l'inflation.

Plus grave et plus inquiétant à court terme, les banques centrales, en première ligne desquelles la BCE, apparaissent aujourd'hui comme des pompiers pyromanes : leur action prépare la prochaine crise financière. Les politiques monétaires non conventionnelles inondent les marchés financiers de liquidités, alimentant les bulles financières qui exploseront inévitablement à l'avenir.

Il est donc indispensable de revoir les objectifs confiés aux banques centrales afin de favoriser l'emploi et la transition écologique. Il est nécessaire de revoir le fonctionnement de ces institutions en termes de contrôle démocratique et de garantie des dettes publiques. Tout cela impose dans le même temps de s'interroger sur le modèle des banques commerciales et sur de nouveaux modes de régulation de l'activité bancaire, thèmes abordés dans le chapitre suivant.

CHAPITRE 5

Les banques et leur régulation

Une banque est une entreprise financière dont la spécificité est de gérer les moyens de paiement, de collecter des dépôts qui doivent être parfaitement liquides et sans risque, de distribuer des crédits aux entreprises, aux ménages, à l'État, aux collectivités locales. Ce sont les métiers traditionnels de la banque ordinaire dite de dépôts ou de détail, ou encore de second rang. Pour exercer cette activité, elle doit avoir accès au refinancement de la banque centrale (chapitres 2 et 4).

Par ailleurs, la banque à vocation universelle intervient aussi comme intermédiaire financier, en proposant à ses clients des placements financiers, en créant des actifs financiers, plus ou moins complexes, permettant à ses clients de gérer leur trésorerie, de placer, de spéculer ou de se couvrir contre les risques, mais aussi en intervenant sur les marchés financiers pour son propre compte. Ce sont les activités de la banque de marché.

Enfin, la banque peut aussi intervenir au niveau du haut de bilan des entreprises, en conseillant les entreprises pour leurs opérations de fusion, d'acquisition, d'émission d'actions. C'est la banque d'affaires ou d'investissement. Certaines banques spécialisées se concentrent dans l'une ou l'autre de ces activités. Les grandes banques remplissent la totalité des fonctions, c'est le modèle de la banque universelle qui s'est imposé.

Parmi ces activités, certaines sont indispensables à l'ensemble de la communauté de paiement, d'autres sont potentiellement nocives. Nous avons montré (chapitres 2 et 3) que la création monétaire était endogène aux besoins de l'économie : les crédits accordés par les banques engendrent les dépôts. Mais l'évolution du capitalisme financier a conduit à transformer considérablement la pratique bancaire. La supervision prudentielle des banques est alors devenue indispensable et oblige à imaginer des procédures et des moyens nouveaux pour parvenir à une véritable régulation.

1. LES BANQUES PERVERTIES PAR LA FINANCE

L'activité et le fonctionnement des banques ont été profondément transformés au cours des trois dernières décennies. Les banques ont considérablement développé et diversifié leurs opérations. Alors qu'elles se concentraient traditionnellement sur la collecte des dépôts et la distribution des crédits aux ménages et aux entreprises (activité de banque de détail), les banques se sont progressivement orientées vers de nouvelles activités tournées vers les marchés financiers, notamment la tenue de marché, la spéculation, la négociation de titres (*trading*) pour leur compte ou celui de leurs clients. L'usage range l'ensemble des institutions pratiquant des activités d'OPA, de fusions, d'acquisitions et d'émissions d'actions sous l'appellation de « banques d'investissement », terme véritablement impropre, car d'investissement il n'est nullement question.

1. Comment en est-on arrivé à l'hybridation des capitalismes et de leurs systèmes financiers ?

Les manuels d'économie distinguent traditionnellement deux formes principales de financement de l'économie : d'une part, la finance directe par les marchés où les agents à capacité de financement (ménages) sont supposés financer directement les agents à besoin de financement (entreprises, État) ; et, d'autre part, la finance indirecte par laquelle des intermédiaires financiers (principalement les banques) s'interposent entre les agents excédentaires, dont ils collectent les ressources, et les agents emprunteurs, auxquels ils accordent des prêts (crédit bancaire). Partant de cette distinction, certains économistes ont opposé deux types de systèmes financiers : d'un côté, les systèmes fondés sur les marchés financiers où l'essentiel des financements se fait par les marchés (la Bourse en particulier) ; de l'autre côté, les systèmes financiers fondés sur l'intermédiation bancaire où les financements prennent principalement la forme de crédits bancaires. Le premier système, où la finance de marché prédomine, serait celui du capitalisme anglo-saxon, tandis que le capitalisme dit « européen continental » (Allemagne, France) se caractériserait par le second type de système financier, fondé sur les banques et le crédit.

Les théoriciens de l'École de la régulation, qui s'intéressent à la « diversité des capitalismes », ont montré l'existence de processus d'hybridation, au sens où les capitalismes nationaux (ou régionaux) tendent à s'influencer et à s'emprunter mutuellement certaines de leurs caractéristiques historiques. C'est ainsi que, depuis trois décennies, à la suite des politiques de libéralisation financière et de l'émergence d'un système financier mondialisé (c'est le phénomène de la globalisation financière), la finance de marché tend à se développer rapidement dans les pays européens. En effet, on constate que les entreprises ont tendance à recourir d'une manière croissante à l'émission de titres sur les marchés pour assurer leur financement externe. À titre d'illustration, la part des obligations dans l'endettement des entreprises françaises est passée de 30 % à près de 40 % de 2009 à 2017, selon la Banque de France[1]. Par ailleurs, de nouveaux modes de financement se sont développés récemment, qui se présentent comme des alternatives au crédit bancaire et relèvent de la « finance directe » : notamment le financement participatif et le placement privé. Cette dernière technique est en pleine expansion et consiste, pour les entreprises de taille intermédiaire (ETI) non cotées, à faire appel directement à des investisseurs (fonds spécialisés, sociétés d'assurance) pour obtenir des financements selon une procédure moins contraignante que celle de l'appel à l'épargne publique (qui implique un contrôle des autorités de marché et une obligation lourde de diffusion d'informations).

L'activité bancaire est elle-même directement impactée par la montée en puissance des marchés. Aujourd'hui, les grandes banques européennes dites « universelles » sont des banques « hybrides » qui réalisent deux formes d'intermédiation : d'une part, l'intermédiation traditionnelle, qui consiste à distribuer les crédits et à gérer les dépôts, et, d'autre part, l'intermédiation de marché par laquelle les banques trouvent leurs ressources sur les marchés, en émettant des titres, et financent l'économie en achetant des titres émis par les entreprises et les États.

1. Banque de France, « Financement des sociétés non financières », Statistiques mensuelles ; « Endettement des agents non financiers », Statistiques trimestrielles.

2. Les autorités encouragent la désintermédiation

Deux séries de facteurs sont à l'origine de cette profonde mutation bancaire. En premier lieu, les innovations technologiques et financières (produits dérivés et titrisation) ont largement contribué à la « financiarisation » des banques. Les politiques de libéralisation financière menées par les pouvoirs publics ont favorisé la mutation des banques. En France, la déréglementation financière – à travers les lois Debré de 1966 et Bérégovoy de 1984 – a autorisé les banques à mener simultanément des activités de banque de détail et de banque d'investissement, précédemment séparées. Ces lois bancaires ont ouvert la voie à la création des grandes banques universelles qui dominent le marché bancaire en France, comme dans la plupart des pays européens. En second lieu, les gouvernements ont procédé à partir des années 1980 à la privatisation des banques qui sont passées sous contrôle d'investisseurs, la plupart étrangers. Résultat : les banques sont désormais gouvernées dans l'intérêt prioritaire de leurs actionnaires, ce qui les amène à privilégier les opérations à haut rendement, plus risquées, souvent de nature spéculative, et à se détourner des activités traditionnelles de financement de l'économie, jugées moins rentables à court terme. Les réformes récentes mises en œuvre par les autorités tendent à « désintermédier » les financements, en favorisant la « finance directe » au détriment de la finance bancaire. En France, la loi Macron (19 février 2015), supposée « libérer l'activité », contient ainsi des dispositions destinées à « briser le monopole bancaire » en facilitant les crédits interentreprises et le financement de ces dernières par des bons de caisse. Par ailleurs, les nouvelles règles applicables aux compagnies d'assurance permettent à celles-ci d'acquérir en direct des dettes d'entreprises non cotées. Ainsi, une partie des prêts à cinq ans accordés par la Société générale aux PME et ETI est financée par Axa à hauteur de 80 %, la banque conservant dans son bilan les 20 % restants. Crédit agricole et Natixis font de même avec d'autres sociétés d'assurance.

De son côté, la Commission européenne a publié le 18 février 2015 un Livre vert visant à promouvoir l'union des marchés de capitaux dans l'espace européen[1]. Ce projet a pour objectif de donner un poids accru, voire prépondérant, aux marchés financiers et aux acteurs non bancaires dans le financement des entreprises et des infrastructures. L'ambition affichée est d'aligner l'Union européenne sur le modèle financier des États-Unis, dans lequel les entreprises de taille moyenne reçoivent cinq fois plus de financements sur les marchés de capitaux que leurs homologues européennes. Parmi les mesures phares préconisées par le Livre vert, le développement de la titrisation « sécurisée » par le renforcement des normes comptables et prudentielles, ainsi que la standardisation des règles permettant aux entreprises de s'adresser directement aux investisseurs, sans recourir aux banques.

3. La finance bancaire mieux adaptée au capitalisme européen

On peut s'interroger sur la nouvelle doctrine des autorités françaises et européennes. Il y a en effet de bonnes raisons de contester l'opportunité de faire évoluer le système financier européen vers le modèle états-unien, dominé par les marchés. On peut tout d'abord douter que le développement de nouvelles modalités de financement conduise à une relance de l'investissement dont la faiblesse provient d'abord de l'insuffisance de la demande adressée aux

1. Commission européenne, « Livre vert. Construire l'union des marchés de capitaux », 18 février 2015.

entreprises, causée par les politiques d'austérité budgétaire et salariale. En réalité, le développement des marchés de capitaux renforcera la financiarisation de l'espace européen et risque d'être une source d'instabilité future, préjudiciable à la bonne activité économique. De ce point de vue, les autorités européennes n'ont pas tiré les leçons de la crise qui a débuté en 2007, dont la cause principale a été l'emprise excessive de la finance et des marchés sur l'économie.

La plus grande part du financement externe des petites et moyennes entreprises, qui constituent le cœur du tissu productif, est assurée par le crédit bancaire. Ces dernières ont besoin d'une relation de proximité et de long terme avec leurs financeurs, que seules les banques commerciales peuvent leur apporter, contrairement à la plupart des investisseurs, à la recherche d'une rentabilité financière à court terme. Les banques, dont l'une des fonctions est de tenir les comptes de leurs clients, ont de ce fait un avantage informationnel par rapport aux investisseurs, ce qui les rend plus efficaces dans l'évaluation des risques des entreprises. L'expérience historique montre également que la « banque-industrie », c'est-à-dire un système de relations étroites entre la banque et l'industrie, constitue l'une des clés de la performance dans les pays d'Europe continentale. Le capitalisme allemand en est un bon exemple. Ses performances industrielles s'expliquent en partie par l'existence d'un système bancaire décentralisé et diversifié, composé de banques publiques régionales et de 1 500 banques coopératives de proximité, les *Sparkassen*. Celles-ci financent efficacement le *Mittelstand*, ce réseau de PME exportatrices, fer de lance de l'industrie allemande. *A contrario*, l'une des difficultés rencontrées par les PME françaises est la disparition des banques locales et régionales, absorbées par les grands groupes bancaires universels, davantage tournés vers les opérations de marché que vers le financement de l'économie réelle.

On peut enfin se demander si, comme l'affirme le Livre vert de la Commission, la finance de marché est plus efficace que les banques pour assurer le financement des infrastructures, c'est-à-dire des investissements à long terme. La plupart des investisseurs ont un horizon court et sont « myopes ». Les investisseurs de long terme, ayant un objectif de rentabilité à long terme, font cruellement défaut. De plus, les marchés sont dans l'incapacité de prendre en compte les externalités générées par les investissements en infrastructures. C'est particulièrement le cas pour les investissements dans le domaine de l'habitat, des transports et de l'énergie qui sont nécessaires pour promouvoir la transition écologique. Deux types d'acteurs semblent les plus adaptés aux financements de long terme dans les infrastructures : les banques publiques de développement, dont il existe déjà plusieurs modèles (Agence française de développement, Banque européenne d'investissement, Banque nationale du développement économique et social au Brésil), et les fonds souverains, dont les principes de gestion s'écartent à la fois de la logique bancaire traditionnelle et de celle des marchés financiers.

4. Le hors-bilan et la banque de l'ombre

Le hors-bilan désigne les engagements et avoirs d'une banque qui ne sont pas inscrits dans le passif et dans l'actif de son bilan, car ils ne donnent pas lieu à des flux de trésorerie immédiats. Plusieurs indicateurs permettent de mesurer l'ampleur des changements qui ont affecté les banques. En premier lieu, la taille des banques a fortement augmenté à la suite de leurs nouvelles opérations. Mesurée par leur bilan, la taille des quatre principales banques françaises a ainsi doublé de 1997 à 2014, pour représenter l'équivalent de quatre fois le

PIB[1]. On observe une évolution analogue dans les pays de l'Union européenne où la valeur des actifs bancaires atteint 350 % de l'équivalent du PIB. En deuxième lieu, la structure de l'activité bancaire s'est transformée au profit des opérations de marché, qui représentent actuellement entre 30 % et 50 % du bilan total des grandes banques (voir le tableau dans le chapitre 2, section 3).

La part des crédits et des dépôts dans les bilans des banques a diminué depuis les années 1980, attestant de la transformation de leur activité. Le financement de l'économie par achat de titres (à l'actif) s'est développé, pendant qu'une part croissante des ressources des banques est collectée par émission de titres (au passif). Élément nouveau sur la période récente, depuis 2014 dans notre tableau, les banques sont surliquides : elles présentent globalement un solde positif concernant les opérations interbancaires, indiquant qu'elles détiennent un excès de liquidités inutilisées (solde des opérations interbancaires positif à l'actif). C'était la situation inverse que l'on avait avant la crise financière ; ce retournement est provoqué par la mise en place des politiques non conventionnelles par la banque centrale dans un contexte de stagnation de l'activité économique.

Enfin, les opérations sur produits dérivés, dont la plupart sont de nature spéculative, ont atteint une taille faramineuse : les produits dérivés inscrits dans le hors-bilan de BNP Paribas représentent 23 fois la valeur du PIB de la France ! Ce sont en général des engagements qui ne se traduisent pas par des opérations financières immédiates mais qui les rendront nécessaires parce qu'ils portent sur des instruments financiers à terme, tels que les produits dérivés. Les activités hors bilan correspondent à ce que l'on appelle la banque de l'ombre.

1. Selon l'Autorité de contrôle prudentiel et de résolution (ACPR), rapport 2012.

Ces activités de marché sont plus risquées, plus difficiles à contrôler par les autorités de supervision, et généralement peu liées au financement de l'économie. Selon un rapport officiel[1], les opérations de prêts des banques européennes aux acteurs non financiers ne représentaient plus que 28 % de la valeur totale de leur bilan en mars 2012, tandis que les dépôts collectés par les banques, autrefois principale ressource de ces dernières, ne sont plus que de 30 % du bilan.

Les banques ont développé des opérations hors-bilan pour contourner les règles comptables et financières de Bâle. Pourquoi ? Parce que le hors-bilan des banques bénéficie d'un flou juridique important, et que les réglementations ne s'y appliquent pas.

De nombreuses « innovations » financières (produits dérivés, titrisation) ont été développées par les banques, bouleversant totalement le système bancaire traditionnel. Ces innovations, s'appuyant sur des instruments et des montages complexes, sont souvent des moyens d'optimisation financière et de contournement de la réglementation. Ainsi, les banques ont développé la titrisation, ce qui a favorisé un nouveau modèle d'intermédiation (*Originate to distribute*) dans lequel les banques continuent certes à accorder des crédits, mais elles les restructurent et les revendent sur les marchés financiers. Elles peuvent ainsi accorder des crédits sans avoir à subir les coûts d'une augmentation de capitaux propres imposée par la réglementation. Dans ce modèle, les banques n'assument plus leur rôle de gestion et de contrôle des risques, puisqu'elles vendent leurs titres à d'autres investisseurs. Ce qui a pour effet de transférer à ces derniers le risque de crédit avec la propriété du titre.

Ce sont ces acteurs financiers non bancaires, créés souvent

1. Erkki Liikanen, Rapport sur la réforme des structures bancaires, Commission européenne, 2 octobre 2012.

par les banques elles-mêmes afin de faciliter la redistribution du crédit, que l'on va désigner comme les *shadow banks* ou les banques de l'ombre. Ils jouent un rôle traditionnellement réservé aux banques, alors même qu'ils n'ont pas accès à la liquidité banque centrale ou à la garantie sur les dépôts.

Il n'existe pas de définition claire unanimement acceptée du *shadow banking system*[1]. Si, dans un premier temps, on peut le définir comme un système d'intermédiation qui regroupe des entités extérieures au secteur bancaire traditionnel, mais remplit pour partie des fonctions semblables à celles qu'exerce ce dernier[2], ses contours exacts et ses différentes composantes restent à être étudiés.

Le *shadow banking system* s'est développé aux États-Unis à partir des années 1990, mais il a très vite gagné l'Europe grâce au modèle de la banque universelle qui permet d'abriter toutes sortes d'activités traditionnelles ou de marché. Le *Financial Stability Board* (FSB) publie depuis quelques années un rapport annuel dans lequel il étudie l'évolution du *shadow banking*. Deux mesures sont proposées en fonction de la définition du *shadow banking* adoptée, des fonctions retenues et donc du périmètre étudié. Selon la mesure large, le rapport 2015 estime que les actifs du système bancaire parallèle dans le monde avaient atteint 80000 milliards de dollars à la fin 2014[3], alors que

1. La Commission européenne dans son livre (2012) utilise le terme de « secteur bancaire parallèle ».

2. Zoltan Pozsar, Tobias Adrian, Adam Ashcraft et Hayley Boesky, « Shadow Banking », Federal Reserve Bank of New York Staff Reports, n° 458, 2010 ; https://www.newyorkfed.org/medialibrary/media/research/staff_reports/sr458.pdf. Également des mêmes auteurs, « Shadow Banking », *Revue d'économie financière*, n° 105, p. 157-184, 2012.

3. Financial Stability Board, « Global Shadow Nankin Monitoring Report 2015 » ; http://www.fsb.org/wp-content/uploads/global-shadow-banking-monitoring-report-2015.pdf.

les estimations dans les rapports précédents montraient que la taille du *shadow banking* en 2002 était de l'ordre de 26 000 milliards de dollars. La mesure étroite l'estime à 36 000 milliards de dollars en 2014. Quelle que soit la mesure retenue, les estimations montrent que la taille du *shadow banking* est plus élevée dans la zone euro et le Royaume-Uni qu'aux États-Unis, et que les actifs du *shadow banking* ont continué à progresser en 2014.

Le *shadow banking system*, qui a été un des rouages de la crise financière, établit entre les banques et l'ensemble des institutions financières des interconnexions qui sont une source importante de risque systémique. Les activités de crédit, de transformation de maturité et de liquidité étant risquées, elles doivent être réglementées et réservées aux banques afin de ne pas mettre en péril le système. Or, l'opacité du système a permis aux banques d'avoir recours à ces banques de l'ombre qui, n'ayant pas à subir la même réglementation prudentielle, peuvent mener ces activités comme elles l'entendent, échappant ainsi à la surveillance du régulateur. Pour autant, les risques n'ont pas disparu.

D'abord, parce que les véhicules de titrisation, les « véhicules spéciaux d'investissement » (VSI), les fonds spéculatifs (*hedge funds*), ainsi que toutes les autres entités de même nature n'ont pas de limites à respecter dans le développement de leurs activités. Se comportant comme des quasi-banques, ces acteurs financiers lèvent des ressources à court terme pour financer des créances à long terme ou utilisent les ressources financières obtenues sur les marchés pour acheter aux banques les produits structurés adossés sur les créances bancaires. Mais, comme ils ne peuvent pas créer de la monnaie en octroyant des crédits, ils doivent trouver en permanence des fonds. Or, les principaux investisseurs dans ces véhicules dépendent eux-mêmes des conditions du marché. S'ils ne trouvent pas d'investisseurs et qu'ils doivent rembourser leurs créanciers, ils sont contraints de vendre leurs actifs, même avec des décotes importantes, entraînant ainsi un mouvement généralisé à la baisse. C'est pour ces raisons que ce mode de financement, par des banques de l'ombre, est risqué et instable.

Des réformes, que nous jugeons insuffisantes, ont été adoptées pour réglementer le système bancaire et assurer la stabilité financière. Mais comment devraient être régulées les différentes entités qui composent le *shadow banking* ? Ne devraient-elles donc pas être soumises à des réglementations encore plus strictes que les banques traditionnelles puisqu'elles sont porteuses du risque systémique, sans bénéficier du filet de sauvetage du prêteur en dernier ressort ? Il est, de toute façon, inconcevable aujourd'hui de laisser sans régulation un pan entier du système financier qui menace la stabilité du système bancaire, comme l'a illustré la crise récente.

5. Les banques ne remplissent plus leurs fonctions essentielles

À la suite de ces mutations, le modèle de la banque universelle dominée par la finance s'est imposé. Son utilité pour l'économie réelle est problématique. D'abord, les banques ne sont plus incitées à accomplir leurs fonctions traditionnelles, dites d'intermédiation bancaire, pourtant essentielles pour le développement économique et social. En effet, les activités de marché sont, à court terme, plus rentables que les opérations de crédit. De fait, une part importante du profit des banques universelles provient de ces activités de *trading* et d'investissement, risquées et souvent spéculatives. Les filiales de BFI (banque de financement et d'investissement) des grandes banques – tel Natixis pour le groupe Banque populaire & Caisses d'épargne (BPCE) – ont pris un poids considérable dans les groupes bancaires.

Par ailleurs, les banques assurent de moins en moins la gestion des risques. En effet, en recourant à la titrisation, innovation qui consiste à transformer leurs créances en titres négociables sur les marchés, les banques cherchent à se débarrasser de leurs risques, qu'elles transfèrent à des investisseurs financiers, tels que des fonds de placement, des fonds de pension, des fonds spéculatifs. Ce renoncement à la gestion des risques par les banques constitue une régression en termes d'efficacité économique. Pourtant, les banques sont mieux placées que les autres acteurs de marché pour réduire les asymétries d'information avec les emprunteurs, et donc pour minimiser les risques.

6. Les banques universelles présentent un risque majeur pour la société

La deuxième raison de s'inquiéter est que les banques universelles représentent désormais un risque potentiel considérable pour leurs clients et pour la stabilité du système bancaire. Ce risque provient d'un conflit d'intérêts entre activités commerciales et opérations de marché. Cette coexistence permet à la banque dite universelle de proposer des produits financiers aux clients de sa branche commerciale, et de parier contre eux dans sa branche financière, à leur insu. C'est ce qu'a révélé la plainte de la SEC (*Securities Exchange Commission*, régulateur boursier américain, équivalent de l'AMF) contre la banque Goldman Sachs, accusée d'avoir trompé ses clients pour servir ses intérêts et ceux du *hedge fund* dirigé par le milliardaire John Paulson sur le fonds Abacus[1].

Quand une entreprise cotée en Bourse contracte un prêt auprès de sa banque, elle s'adresse à son département commercial. Or, comme ce département n'est pas séparé

1. https://www.sec.gov/news/press/2010/2010-59.htm.

du département de marché, la banque peut mettre à profit l'information dont elle dispose sur son client (par exemple, des mauvais résultats) pour acheter des CDS (*credit default swaps*) contre celui-ci et parier sur ses mauvaises performances futures, voire sa faillite[1]. Plusieurs banques états-uniennes ont été sanctionnées pour ce comportement et ont dû payer de lourdes amendes.

Enfin, et ce n'est pas le moins important, les grandes banques font peser un risque global sur la stabilité des systèmes bancaires. En effet, la défaillance de l'une de ces banques est susceptible de provoquer un effondrement du système bancaire international, en raison de leur grande taille et des étroites interconnexions existant entre elles. Leur gigantisme est tel que la chute de l'une d'entre elles, à l'instar de Lehman Brothers en 2008, peut causer un cataclysme mondial. D'où la qualification d'« entités systémiques » qui leur est attribuée par les autorités internationales. Le *Financial Stability Board* (ou Conseil de stabilité financière en français), créé par le G20 au lendemain de la crise de 2008, recense aujourd'hui trente « entités systémiques », dont font partie les quatre grandes banques universelles françaises : BNP Paribas, Crédit agricole, Société générale et Groupe BPCE.

2. LA SUPERVISION PRUDENTIELLE DES BANQUES

Le secteur bancaire nécessite une régulation spécifique pour trois raisons. *Premièrement*, parce que le système bancaire a un rôle stratégique dans l'économie : en créant

1. Gaël Giraud, « Séparation bancaire », Note de synthèse sur le projet de loi présenté par Pierre Moscovici au Conseil des ministres le 19 décembre 2012.

de la monnaie, il fait fonctionner le système des paiements, indispensable aux économies de marché. Tout dysfonctionnement peut avoir des effets considérables sur l'ensemble. La monnaie et le système de paiement sont des biens publics qui nécessitent une régulation publique.

Deuxièmement, les banques sont des acteurs vulnérables par la nature même de leur activité qui implique une prise de risque et la transformation des échéances. Les banques sont sujettes au risque systémique, au sens où la défaillance d'une banque individuelle peut mettre en jeu la stabilité du système bancaire par effet de dominos, du fait de l'importance des opérations interbancaires (de 20 % à 30 % du bilan). Les banques sont aussi soumises au risque de liquidité : en cas de ruée sur les dépôts, la banque doit être en mesure de se procurer la liquidité exigée.

Troisièmement, la banque a la particularité d'attirer les dépôts de ses clients. Ceux-ci sont des créanciers peu ordinaires. Dispersés, peu compétents pour effectuer un contrôle qu'ils ont de fait délégué à la banque, et nécessairement moins bien informés que cette dernière sur la bonne allocation de ses fonds, les déposants doivent être protégés par la régulation et la supervision des banques qu'exercent les autorités publiques. La solvabilité de la banque doit donc être étroitement surveillée.

1. Le rôle croissant de la supervision microprudentielle

La régulation microprudentielle vise à permettre la stabilité du système bancaire et financier par l'adoption de mesures de régulation respectées individuellement par les établissements bancaires et financiers. Ainsi, la stabilité de l'ensemble du système bancaire et financier repose sur la solidité individuelle des établissements. Cette conception de la régulation laisse de côté la possibilité de risques pris collectivement, d'où le besoin d'une régulation macroprudentielle, comme nous le verrons par la suite.

La question de la régulation du système bancaire, qui s'est posée avec force à l'occasion de la crise des *subprimes*, n'est pas une préoccupation nouvelle pour les autorités publiques. Dès 1974, les banques centrales du G10 ont créé le Comité de Bâle pour le contrôle bancaire, institution internationale, placée sous l'égide de la Banque des règlements internationaux (BRI). Cette décision faisait suite à des faillites bancaires qui avaient menacé – par effet de contagion – la stabilité des systèmes bancaires européen et américain. À l'époque, ces défaillances bancaires étaient liées aux risques induits par l'instabilité des taux de change (voir chapitre 6).

Le rôle du Comité de Bâle est devenu déterminant depuis lors. Cette institution internationale n'est pourtant investie d'aucun pouvoir de réglementation. Elle émet des recommandations généralement reprises dans les réglementations nationales. En 1988, le premier accord de Bâle est conclu : c'est le ratio Cooke qui incite les banques à respecter un ratio minimal de 8 % entre leurs fonds propres et les crédits distribués, pondérés par leurs risques. S'ouvre alors une nouvelle ère en matière de régulation des banques, celle de la supervision prudentielle. Celle-ci se veut préventive, c'est-à-dire qu'elle cherche à amener les banques à se protéger à l'avance contre leurs risques potentiels ; c'est le but du ratio Cooke. La supervision microprudentielle s'inscrit dans le contexte de la globalisation financière et des politiques de déréglementation financière opérées dans les années 1980. Il s'agissait alors de supprimer les réglementations publiques qui administraient l'activité bancaire et d'ouvrir les banques à la concurrence internationale. Selon cette nouvelle conception néolibérale, la régulation des banques ne repose plus exclusivement sur la réglementation publique, mais doit également s'articuler avec deux autres modes de contrôle : l'autocontrôle des banques (contrôle interne), et les pressions exercées par le marché par le biais de la concurrence à l'échelle internationale.

2. Les limites de la régulation bancaire actuelle

Au début des années 2000, le Comité de Bâle a élaboré un deuxième dispositif prudentiel (Bâle II), plus ambitieux que le premier (Bâle I), et qui comporte trois piliers concernant respectivement les exigences minimales de fonds propres, la surveillance prudentielle et la discipline de marché. Ce dispositif, pourtant très sophistiqué, n'a pas empêché la grave crise bancaire qui s'est propagée dans les principaux pays avancés à partir de 2007.

Un nouveau cadre prudentiel (Bâle III), présenté le 19 septembre 2010, renforce la régulation des banques dans trois domaines : augmentation des fonds propres requis, introduction de nouvelles règles pour accroître les ressources liquides des banques, et obligation faite aux banques de maintenir un ratio minimal de 3 % entre leurs fonds propres et leurs actifs pour limiter les effets de levier. De plus, un nouveau coussin contracyclique obligatoire de 0 % à 2,5 % est créé : chaque trimestre, tout État membre devra estimer si la création de crédit est excessive et, sur la base de cette évaluation, devra décider si ses banques doivent disposer de fonds propres supplémentaires.

Toutefois, malgré ces avancées, le système de régulation prudentielle présente d'importantes limites. Première limite, la philosophie néolibérale qui anime les régulateurs a conduit à donner une place trop importante à l'autorégulation des banques, laissant à ces dernières une liberté trop grande qui les a amenées à prendre des risques excessifs afin d'accroître leur rentabilité. Les banques ont ainsi utilisé des modèles mathématiques sophistiqués, tels les modèles VaR (*Value at Risk*), qui ont sous-estimé les risques qu'elles prenaient. En effet, ces modèles étaient souvent fondés sur des hypothèses simplificatrices – telles que l'hypothèse de distribution normale des risques excluant les valeurs extrêmes –, qui les éloignaient de la réalité en période de crise. Une remise en cause de ces modèles, et de la place des mathématiques financières fondées sur des hypothèses réductrices, apparaît aujourd'hui nécessaire.

Deuxième limite : le système actuel de régulation donne un rôle excessif aux fonds propres et, de ce fait, la réglementation peut être aisément contournée. Pour répondre aux exigences de rendement de leurs actionnaires, les banques choisissent de transférer leurs risques à des acteurs non bancaires, tels que les fonds de placement ou les fonds spéculatifs (*hedge funds*) qui ne sont pas assujettis à des exigences de fonds propres aussi strictes. Cela a contribué au développement de la banque de l'ombre. Des règles prudentielles différentes ne reposant pas uniquement sur les exigences de fonds propres sont nécessaires, telles que des réserves obligatoires sur les crédits, qui pourraient être sélectives en fonction de l'utilité sociale des financements accordés par les banques. Nous les examinerons plus loin.

Enfin, la régulation édictée par le Comité de Bâle avait une faille majeure jusqu'à la réforme Bâle III de 2010, en ce qu'elle se limitait à la régulation des banques individuelles (régulation microprudentielle). Ce choix avait pour fondement le postulat erroné de la théorie néoclassique selon lequel la stabilité des systèmes économiques dépend du comportement des acteurs individuels. En réalité, les banques forment un « système », dont la dynamique dépasse les banques individuelles. D'où la nécessité d'une régulation macroprudentielle.

3. La régulation macroprudentielle

La régulation macroprudentielle vise à permettre la stabilité du système monétaire et financier dans sa dimension macroéconomique en combattant le risque systémique, c'est-à-dire le risque que la chute d'un acteur entraîne celle de l'ensemble du système. L'objectif de la régulation macroprudentielle est de limiter la probabilité des crises financières et de limiter l'intensité de celles-ci et donc leurs coûts. Trois principaux types d'option de politique macroprudentielle peuvent être proposés[1] : imposer la séparation des activités ; décourager les firmes financières à devenir trop grandes en leur imposant une contribution croissante face au risque de liquidité qu'elles prennent ; établir un cadre juridique permettant les faillites de certains pans d'activités des établissements systémiques sans que l'ensemble de l'établissement soit affecté. La régulation macroprudentielle est donc complexe à mettre en œuvre : elle est susceptible d'être contracyclique en période de croissance et procyclique en récession, et il est difficile de s'accorder sur ses objectifs intermédiaires. Ces éléments justifient les mesures radicales que nous préconisons.

La crise a révélé non seulement la fragilité de certaines banques, mais surtout la possibilité d'une crise touchant l'ensemble du système bancaire et financier, avec le risque d'entraîner le désastre du système productif derrière celui de la finance. De plus, il s'avère que les besoins de financement de l'ensemble de l'économie n'ont pas grand-chose à voir avec les contraintes de fonds propres imposées dans

1. Voir Laurence Scialom, « Stratégies et instruments d'une régulation macroprudentielle », *Revue d'économie financière*, 2011, vol. 3 n° 103, p. 171-186 ; https://www.cairn.info/revue-d-economie-financiere-2011-3-page-171.htm.

le cadre de la régulation microprudentielle expliquée plus haut. Ces raisons expliquent pourquoi un autre type de régulation bancaire est indispensable : c'est celui qui permet de rendre compatibles l'émission de monnaie, d'un côté, et la politique macroéconomique, de l'autre. Cependant, les divergences théoriques sur la nature de la monnaie resurgissent dès lors qu'il est question d'avoir une régulation à l'échelle globale. Entre le dogme libéral de l'efficience des marchés et la thèse minskyenne de l'instabilité intrinsèque, il n'y a pas de convergence possible. En effet, contrairement à la croyance libérale en la capacité de la finance à procurer stabilité et allocation optimale des ressources, l'instabilité et les déséquilibres financiers sont permanents. Il est donc de la responsabilité des banques centrales et des États d'établir des règles de fonctionnement permettant de tempérer, sinon d'éliminer, les risques systémiques et les phénomènes accentuant les fluctuations des cycles économiques. C'est dans ce cadre que s'inscrivent des propositions de régulation alternatives au quasi-laisser-faire accordé au système bancaire et financier. L'objectif est bien d'endiguer les risques pesant sur la collectivité dans un contexte où aucun mécanisme de prévention efficace n'existe vraiment.

3. VERS DES RÉGULATIONS ALTERNATIVES ?

1. La France malheureusement à la pointe du **statu quo** *bancaire actuel*

La crise a apporté tous les jours son lot de révélations sur les pratiques des banques : crédits hypothécaires risqués mélangés à d'autres titres et vendus aux investisseurs finaux, conflits d'intérêts, spéculation contre leurs propres clients, profits faits sur le dos de milliers de foyers en difficulté, affaire Madoff, manipulation du Libor et de l'Euribor, affaire Kerviel, affaire de la « baleine de Londres »[1]. Tous ces scandales ont largement démontré aux citoyens les méfaits des activités de marché auxquelles se livrent les banques universelles. Face à la prise de conscience de l'opinion publique, les responsables politiques ont bien compris qu'il fallait faire quelque chose. Malheureusement, les lobbies bancaires ont réussi à vider de leur contenu les réformes qui devaient mettre fin à ces dérives. Toutes les réformes qui ont été adoptées ont en commun qu'elles sont bien en deçà des mesures prises après la crise de 1929 avec le *Glass-Steagall Act*[2] et de ce qui est nécessaire aujourd'hui pour une véritable séparation des activités de banque de dépôts et de banque d'affaires.

En 2017, dix ans après le début d'une crise financière qui a frappé de plein fouet la zone euro et en a fait une zone sinistrée, le système bancaire européen continue à être dominé par les grandes banques, les banquiers défendent le modèle de la banque universelle, et les responsables politiques affirment qu'ils ont fait le nécessaire pour que cela ne se reproduise plus. À les croire, tout a été dit, tout a été fait, tournons à présent la page.

Malheureusement, cela est très loin de la réalité. Car très peu de choses ont changé. Les réformes bancaires promises se sont, au fur et à mesure, réduites comme une peau de chagrin, elles ont préservé le modèle de la banque universelle, les intérêts des banques et des banquiers par

1. La « baleine » doit son surnom aux prises de positions énormes et risquées d'un trader français à Londres chez JPMorgan Chase qui ont occasionné des pertes de 6,2 milliards de dollars en 2012.

2. Le *Glass-Steagall Act* est le nom de la loi bancaire adoptée en 1933 par les États-Unis. Elle séparait les banques de dépôt et les banques d'affaires et interdisait aux premières de se livrer à des activités spéculatives. Cette disposition a été abrogée par le *Gramm-Leach-Bliley Act Financial Services Modernization Act* de 1999.

la même occasion. Les banques ont délaissé leur fonction première et leur raison d'être et poursuivent leurs activités de l'ombre.

Nous avons vu dans les paragraphes précédents que le modèle de la banque universelle qui s'est imposé en Europe représente un danger, que ce modèle mélange des activités de banque de détail avec des activités de marché. Les banquiers défendent bec et ongles ce modèle en expliquant qu'il leur permet de fournir « un large éventail de services à leurs clients ». En réalité, ils veulent continuer à exercer des activités de marché risquées qui leur sont très profitables, mais qui ne présentent souvent aucun avantage pour leurs clients ou déposants. La banque universelle cannibalise les activités de financement de l'économie au profit de celles de marché et de spéculation en faisant bénéficier à ces dernières de la garantie publique.

C'est la loi française dite de « séparation et de régulation des activités bancaires », votée le 26 juillet 2013, qui représente la réforme la plus minimaliste. Elle maintient dans le périmètre de la banque de détail les activités de tenue de marché, considérées comme « utiles pour les clients » : seul un peu moins de 1 % des activités bancaires est concerné par la filialisation, car, dans la loi dite de « séparation », il n'est même pas question de séparation… mais de filialisation ! Chaque banque doit « cantonner » dans une filiale un certain nombre d'activités jugées spéculatives. Comment juger si une activité doit être filialisée ou pas ? En fonction de son « utilité », c'est simple, voyons ! Et comment définir une activité utile ? La réponse est sidérante : c'est une activité... réalisée avec un client. Avec une telle définition, la quasi-intégralité des opérations des banques, y compris les plus spéculatives, devient utile. Un *credit default swap* sur dette souveraine ? Utile, car vendu à un client. L'achat d'un produit spéculatif sur les matières premières agricoles ? Utile, car réalisé avec un client.

Cette loi, minimaliste, a été adoptée bien vite de manière à prendre de vitesse toute initiative européenne qui serait plus contraignante. Après avoir déjà qualifié d'« irresponsables » les propositions de Bruxelles basées sur le rapport Liikanen, Christian Noyer, gouverneur de la Banque de France, a déclaré dans une tribune au *Monde* du 13 février 2014 son hostilité à toute idée de filialisation ou de séparation des activités de marché. Une idée combattue par Christian Noyer au grand soulagement des banques françaises et de leurs dirigeants. L'Allemagne s'est empressée d'adopter, comme la France, une réforme *a minima*.

En revanche, aux États-Unis, la loi Dodd-Frank de 2010, avec la règle Volcker[1], visait, d'une part, à limiter la taille des banques et, d'autre part, à leur interdire de spéculer pour compte propre. L'objectif principal consistait à éviter le financement d'activités spéculatives par des dépôts bénéficiant de la garantie. C'est pour cette raison que la loi prévoyait de très fortes restrictions sur la détention de participations dans des *hedge funds* ou des fonds de *private equity*. Mais la séparation des activités n'a pas été retenue, la limitation de la taille a été abandonnée et les banques ont obtenu un délai de deux ans pour appliquer un des principaux dispositifs de la règle. On leur a laissé jusqu'en juillet 2017 pour céder leurs parts dans des fonds de capital-investissement ou dans les *hedge funds*. Enfin, depuis juillet 2015, elles n'ont plus le droit de faire du *trading* pour compte propre. La loi limite à 3 % de leur capital *Tier One* les fonds que les « entités bancaires »

1. La section 619 du *Dodd-Frank Wall Street Reform and Consumer Protection Act* pose comme principe général l'interdiction pour « une entité bancaire de (A) s'engager dans une activité de spéculation pour compte propre ou (B) d'acquérir ou conserver tout lien en capital, partenariat ou tout autre lien de propriété dans un *hedge fund* ou dans un fonds de capital-investissement ou de les sponsoriser » (p. 245).

peuvent investir dans des fonds d'investissement en capital ou d'instruments dérivés. Au final, on peut considérer que ce sont ceux qui affirmaient que la séparation allait nuire à la compétitivité du secteur bancaire américain vis-à-vis de leurs homologues européens qui l'ont emporté. L'administration Trump cherche à démanteler le *Dodd-Frank Act* pour le remplacer par le *Financial Choice Act* qui a été adopté par la Chambre des représentants mais doit encore passer au Sénat où son vote n'est pas acquis. Ce nouveau projet de loi abrogerait de nombreuses dispositions réglementaires du *Dodd-Frank Act*, dont les pouvoirs du Bureau de la protection financière des consommateurs (CFPB), il réduirait également le nombre de tests que la Fed exige des banques et surtout s'attaquerait à la règle Volcker.

Au Royaume-Uni, la commission Vickers[1] avait suggéré un cantonnement (*ring-fencing*) de la partie banque de détail. L'idée est de placer la banque de détail domestique derrière une barrière, sans casser les groupes bancaires. Ainsi, il ne s'agit pas d'un nouvel *Glass-Steagall Act*, ni d'une mesure visant à placer la partie activités de détail des groupes bancaires dans une entité complètement séparée. Le gouvernement de David Cameron a repris une partie des recommandations du rapport Vickers pour dessiner les contours du secteur bancaire. La nouvelle architecture comporte donc une sanctuarisation des activités de détail et d'investissement, qui seront dotées chacune d'un conseil d'administration et d'un comité des risques propres. Il s'agit d'isoler les « services bancaires vitaux » à

1. La commission d'experts (*Independent Commission on Banking*) présidée par Sir John Vickers a présenté son rapport en septembre 2011. Ce rapport a été endossé par le gouvernement britannique qui l'a adopté. La commission Vickers a proposé que ces règles soient mises en œuvre au début de 2019.

destination des ménages et des PME dans une filiale, tandis que les activités de gros et de banque d'investissement tomberont dans la division non filialisée. Dans une concession aux banques, le gouvernement britannique a accepté que les parties filialisées puissent être autorisées à couvrir des devises ou encore des dérivés sur taux d'intérêt pour les PME. Une disposition qui ne protégera donc pas la banque de détail du risque de marché, si une contrepartie sur ces produits dérivés venait à faire défaut (comme ce fut le cas pour Lehman Brothers).

Quant au rapport Liikanen[1] portant sur les réformes dans l'UE, il recommande d'isoler les activités de marché les plus risquées dans des entités juridiques distinctes, afin de rendre les banques de dépôts plus sûres et de lutter contre la complexité et l'interconnexion des banques. Sont concernés le *trading* pour compte propre, les actifs et positions liés aux activités de tenue de marché, tous types de prêts ou d'exposition aux *hedge funds* et fonds de *private equity*, les véhicules d'investissement spécialisés (SIV) et autres entités similaires. En revanche, les banques de dépôts conserveraient les prêts aux entreprises et aux ménages, les prêts hypothécaires, les prêts interbancaires, les participations à des prêts syndiqués, la titrisation simple dédiée au financement, la gestion de fortune et d'actifs, ainsi que l'exposition aux fonds monétaires régulés. Elles conserveraient aussi le droit d'utiliser des dérivés pour leur gestion actif/passif.

1. Rapport que le groupe d'experts sur les réformes structurelles du secteur bancaire européen, présidé par le gouverneur de la Banque centrale de Finlande (Erkki Liikanen), a remis au commissaire européen Michel Barnier à la fin de l'été 2012.

2. *Les dangers de l'union des marchés de capitaux et les manques de l'union bancaire*

L'exacerbation de l'instabilité financière, de la spéculation et des bulles financières récurrentes suivies d'explosions est la conséquence de la liberté totale de circuler accordée aux capitaux à partir de la décennie 1970. Il s'ensuivit une unification des marchés de capitaux à l'échelle mondiale, une interconnexion des capitaux entre les banques, toutes les institutions financières et les grandes firmes multinationales. Et c'est cette unification des marchés de capitaux qui a privé la société de toute capacité de contrôle, de toute maîtrise de la destination du crédit et donc de l'utilisation de la monnaie, et qui a obligé les États, lorsque la crise a éclaté, à endosser les dettes privées devenues non recouvrables. Les grandes banques européennes étaient impliquées dans cette restructuration financière qui a mené à la catastrophe. Or, le projet des responsables de l'Union européenne et des gouvernements des États membres est d'approfondir encore l'unification des marchés de capitaux à l'échelle de l'UE, comme si la leçon de la crise financière mondiale n'avait servi à rien. En effet, plus les marchés de capitaux sont unifiés à l'échelle mondiale, plus la puissance des institutions financières en général et des banques en particulier est grande, et plus il est difficile de les contrôler, de les remettre au service des besoins de la société. En d'autres termes, l'union des marchés de capitaux conduit inexorablement à une financiarisation toujours accrue de l'économie mondiale, dont l'Union européenne est partie prenante. Alors qu'il faudrait définanciariser l'économie, on nous propose d'aller encore plus avant dans la financiarisation.

La crise a été d'une telle ampleur que l'Union européenne a été contrainte d'envisager une régulation des banques à son échelle. Elle a donc mis en projet une union bancaire, mais qui s'inscrit dans le processus constant d'intégration de l'UE. Si les quatre mécanismes prévus comportent des améliorations, ils laissent craindre toutefois une non-remise en cause des principes néolibéraux.

– Le Mécanisme unique de supervision

La Banque centrale européenne, déjà prêteur en dernier ressort, se voit dotée, depuis le 4 novembre 2014, d'un nouveau pouvoir, celui de superviser les banques de la zone euro dont les actifs représentent plus de 30 milliards d'euros ou plus de 20 % du PIB du pays où est installé leur siège. Cela concerne 130 banques sur un total de 6700. Les autres banques seront surveillées par les autorités nationales, mais la BCE contrôlera cette supervision nationale. Le problème est que les critères qui président à l'ensemble de la supervision exercée directement ou indirectement par la BCE sont avant tout de type financier – par exemple, le ratio d'actifs risqués pondérés sur fonds propres –, mais n'ont jamais trait à la qualité des crédits accordés ou à leur sélectivité. Cela signifie que les autorités publiques ne pourront pas utiliser cette supervision pour activer une politique d'investissement de transition.

En cohérence avec l'union des marchés de capitaux, l'union bancaire favorise une activité des banques tournée vers l'international plutôt que vers l'activité locale ou celle menée par les collectivités territoriales. Ces deux « unions » entérinent la non-séparation des banques entre banques de dépôts et banques d'affaires, ce qui veut dire que le risque de perpétuation des pratiques délétères est énorme : hors-bilan, *shadow banking*, activités pour compte propre, etc.

– Le Mécanisme unique de résolution des crises bancaires

Le coût de la faillite d'une banque ne serait plus pris en charge par les finances publiques mais prioritairement par les actionnaires et les créanciers de la banque, puis, si nécessaire, par les dépôts non garantis. Ce mécanisme de résolution comprend trois procédures. La première oblige les banques à prévoir une stratégie de redressement ou de démantèlement en cas de graves difficultés. Par exemple, le bilan de chaque banque devra comprendre au moins 10 % de créances qui pourraient servir à un renflouement interne. La deuxième accorde un pouvoir aux autorités pour démettre les dirigeants de la banque non respectueux des exigences de fonds propres. La troisième prévoit la prise de contrôle de la banque défaillante par les pouvoirs publics nationaux pour la renflouer, organiser la cession d'activités ou créer une banque de défaisance.

Deux organismes seraient chargés d'appliquer ces procédures. Un Comité de résolution unique, sur la base des informations fournies par la BCE, élaborerait une méthode de résolution mise en œuvre ensuite par le pays dans lequel le siège de la banque est installé. Et les banques contribueraient au Fonds unique de résolution constitué peu à peu de 2015 à 2025.

On pourrait considérer qu'organiser la responsabilité des actionnaires et des créanciers plutôt que celle des contribuables constitue un progrès. Mais, tant que la propriété des actionnaires reste la norme de nos sociétés, cette responsabilité placera les banques dans l'obligation d'augmenter la rémunération des actionnaires pour compenser le risque nouveau et ainsi de se mettre un peu plus sous la coupe des marchés financiers, d'autant que les règles de Bâle III auront accru le ratio crédit/fonds propres. Au total, l'économie productive serait pénalisée si les banques restreignaient le crédit.

– La garantie des dépôts

En complément de la levée de la responsabilité pesant auparavant sur les contribuables en cas de défaillance bancaire, les dépôts sont, depuis 2011, garantis jusqu'à 100 000 euros par déposant et par banque. Là encore, il est sain que soient distingués les dépôts ne procurant pas (ou peu) de rendement et les dépôts incorporant une prime de risque dans leur rémunération. Cependant, compte tenu de l'internationalisation des banques, la garantie des dépôts par chaque État pour ses propres ressortissants rendrait indispensable soit de limiter la taille des banques par pays, soit de porter la garantie au niveau européen. En l'absence de séparation des banques et de pouvoir politique européen véritable, ni l'une ni l'autre des deux solutions n'est réaliste.

– *Une réforme des structures bancaires ?*

Le projet de réforme présenté en janvier 2014 par Michel Barnier, à l'époque commissaire européen au marché intérieur, s'inspirait du rapport d'Erkki Liikanen. Celui-ci recommandait d'interdire aux banques de négocier sur des instruments financiers ou sur des matières premières pour leur compte propre et de placer de l'argent dans des fonds spéculatifs. Surtout, il envisageait de séparer les activités de banques de détail et les activités de banques de marché, notamment en mettant dans une filiale autonome, dûment capitalisée, les opérations de tenue de marché, celles sur produits dérivés et les titrisations, des opérations souvent financées à crédit pour jouer sur l'effet de levier.

Ce projet a déclenché l'hostilité des grands banquiers européens et semble n'avoir plus cours depuis la mise en place de l'actuelle Commission européenne et du commissaire Jonathan Hill[1]. De fait, le projet de directive sur la séparation à la suite du rapport Liikanen semble avoir été abandonné, sous la pression des lobbies bancaires.

1. Entré en fonction en 2014, il a démissionné en juin 2016, suite au Brexit.

L'union bancaire projetée ne pourra très certainement pas aller à l'encontre de la financiarisation des économies. Parce qu'il n'y a pas de véritable solidarité entre pays membres de l'Union économique et monétaire, pas plus que de coordination et de contrôle communs, et parce que rien n'empêchera les marchés financiers de spéculer contre les États, l'exemple grec l'a malheureusement démontré. En fin de compte, en cas de crise économique sévère, une stratégie européenne de sortie de crise sera très difficile, sinon impossible.

Tant l'union des marchés de capitaux que l'union bancaire ainsi programmées semblent incapables d'être des réformes de structures susceptibles d'éviter le retour de l'instabilité et des crises. La rentabilité des activités de marché restera alléchante pour les banques, d'autant que les contraintes de Bâle, si elles sont appliquées, augmenteront le coût de leurs ressources, faisant se rejoindre le risque de liquidité et celui de solvabilité, au gré des aléas et turbulences des marchés financiers. Autrement dit, l'instabilité intrinsèque de la finance restera entière.

3. Alors que faudrait-il faire ?

Des mesures d'urgence couplées avec des transformations de long terme sont aujourd'hui nécessaires et possibles, pour franchir une étape, celle de la définanciarisation.

– Séparer les banques

Il faut revenir à une séparation totale, dans des entités différentes, des activités de banques de dépôts et des activités de banques d'affaires. Les banques de détail se verraient confier des missions précises de collecte et gestion des dépôts, de gestion de l'épargne liquide et de l'épargne sans risque, ainsi que de l'octroi des crédits aux collectivités locales, aux ménages et aux entreprises, bref les activités qui correspondent aux besoins de l'économie et, par conséquent, à l'intérêt général. Ces banques bénéficieraient de la garantie publique ; en revanche, elles n'auraient pas le droit de se livrer à des activités spéculatives, à des activités de marché, de prêter aux *hedge funds* ou aux fonds de *private equity*, ni de se livrer à des opérations de *leverage buy out*, au *trading* à haute fréquence, à la vente à découvert ou à la vente à découvert nue[1].

La monnaie et le crédit seraient ainsi préservés de l'instabilité des marchés financiers. Les autres actifs et activités seraient laissés aux banques de marché ou banques d'affaires qui, elles, ne bénéficieraient pas de garantie publique. Comme ces activités spéculatives sont risquées, en l'absence de garantie publique, ces banques devront immobiliser des fonds propres importants, ce qui devrait réduire la rentabilité de ces opérations et les freiner. Quant aux banques de détail, elles devront consacrer la monnaie et le crédit au financement des investissements, sortir l'économie de la récession et permettre un développement humain soutenable.

– Sélectionner le crédit

Pour la mise en œuvre d'une réelle politique industrielle créatrice d'emplois, pour le financement de la recherche et l'innovation, il est nécessaire de constituer un pôle financier public et de promouvoir un nouveau modèle bancaire susceptible d'assurer des financements à long

1. Vente à découvert : on vend un titre ou des devises ou des matières premières qu'on ne possède pas le jour de la transaction mais qu'on s'engage à posséder le jour de sa livraison ; le dénouement se fera à l'avantage du vendeur ou de l'acheteur en fonction de l'évolution du prix entre-temps. Vente à découvert nue : on ne possède pas la chose qu'on vend et on ne fait pas de provisions pour l'acquérir.

terme, particulièrement pour accompagner la transition écologique. Il faut réinventer un modèle de finance en fonction de son utilité économique, environnementale et sociale.

Grâce au soutien d'une politique monétaire favorable aux activités utiles à la société, les activités dans le domaine des services publics, hôpitaux, maisons de retraite, crèches, écoles, universités, eau, énergie, transports, bureaux de poste, tous ces besoins en investissements socialement utiles seront favorisés par des taux très bas. Au contraire, les opérations de spéculation financière, les activités polluantes des sols, des océans et de l'atmosphère ne pourront être financées par le pôle public.

Ce crédit sélectif est possible, il consiste à moduler les taux de financement et de refinancement, à différencier les réserves obligatoires en fonction de ce que les banques financent, de l'utilité sociale de leurs activités.

Les propositions pour une autre politique de financement de l'économie existent. Elles permettent de changer radicalement la manière dont les banques fonctionnent aujourd'hui. Elles contribuent à assurer la stabilité financière tout en veillant à ce que les banques accordent les crédits nécessaires au financement de l'économie. Elles permettent d'obliger les banques qui veulent prendre des risques sur les marchés à les assumer sans les transférer à la collectivité. Il est temps de rétablir la légitimité d'un droit de regard de la société sur les activités des banques et de les mettre au service de la collectivité.

– Débattre d'un nouveau modèle

La restructuration profonde du système bancaire et financier ne peut pas être engagée sans refondre totalement le modèle de société dans lequel le capitalisme financier a enfermé tous les pays. Pour en rester ici à ce qui concerne le domaine de la monnaie, objet de ce livre, reconquérir le contrôle de son émission à des fins d'utilité collective, enlever le pouvoir aux actionnaires des banques pour le mettre entre les mains des citoyens et des structures démocratiques, redéfinir les liens entre la banque centrale et l'État, organiser la coexistence de banques publiques et privées sous contrôle, tarir les principaux mécanismes spéculatifs par une fiscalité dissuasive, sinon les interdire, telles seraient les mesures préalables à un assainissement durable du système bancaire financier et à la mise en œuvre d'une régulation digne de ce nom.

CHAPITRE 6

Les dimensions internationales de la monnaie

Les monnaies nationales circulent de plus en plus à l'extérieur des pays où elles sont émises par suite du développement des échanges internationaux. La libéralisation financière, qui a supprimé les frontières réglementaires, a conduit à la création d'un marché des changes mondial de plus en plus vaste, où les monnaies sont échangées les unes contre les autres. Les modalités d'organisation des relations monétaires entre pays, qui constituent le système monétaire international (SMI), ont pris des formes différentes dans l'histoire.

Aujourd'hui, le fonctionnement du SMI est marqué par l'instabilité des taux de change (les prix des monnaies entre elles) et par la récurrence des crises monétaires et de change touchant les économies développées comme les économies dites émergentes. Cette instabilité et ces crises récurrentes sont dues principalement à l'instauration, à partir de la décennie 1970, d'une liberté totale de circulation des capitaux qui empêche une véritable régulation à l'échelle mondiale. Les classes dirigeantes ont clairement choisi de favoriser la toute-puissance des marchés plutôt que la stabilité financière. Cet objectif étant clairement fixé, il n'était plus question pour les autorités publiques de soumettre ces marchés à des règles susceptibles d'en atténuer les soubresauts violents et de diminuer les pratiques spéculatives.

Le SMI actuel présente une double caractéristique. D'une part, les monnaies utilisées dans les relations internationales sont des monnaies nationales ; il n'y a pas de monnaie supranationale. Et, d'autre part, le SMI est fondé sur une hiérarchie des monnaies, le dollar étant la monnaie dominante. Cela génère des situations sous-optimales : il n'y a aucune raison pour que l'émission de monnaies nationales, dictée par les besoins internes, coïncide avec les besoins de monnaie souhaitables au niveau international pour accompagner les échanges internationaux, favoriser le retour à l'équilibre des soldes commerciaux et permettre la stabilité économique mondiale.

Ce chapitre comportera trois volets : l'évolution contemporaine des systèmes monétaires internationaux et des régimes de change ; les différentes stratégies de change mises en œuvre par les pays ; les perspectives de réforme du système monétaire international.

1. SYSTÈME MONÉTAIRE INTERNATIONAL ET RÉGIMES DE CHANGE

Le système monétaire international a trois fonctions principales. La première est d'assurer l'alimentation en liquidités internationales dans l'économie mondiale, c'est-à-dire de fournir la monnaie nécessaire aux échanges internationaux de biens, de services et de capitaux. La deuxième fonction du SMI est de faciliter l'ajustement des balances des paiements, ce qui soulève le problème des politiques de change des pays qui sera abordé plus loin. La troisième fonction du SMI est d'assurer l'échange et la circulation des monnaies entre elles. Toutes les monnaies n'ont pas le même rôle dans le SMI car leurs propriétés sont différentes (voir l'encadré 6.1). Les principes qui régissent les modalités d'échange des monnaies ont varié selon les périodes : c'est la question des régimes de change.

ENCADRÉ 6.1

Quelles doivent être les qualités d'une monnaie internationale ?

Une monnaie remplit trois fonctions à l'échelle internationale, comme à celle d'un pays : 1. c'est une unité de compte qui sert à la facturation des transactions entre pays ; 2. un instrument de paiement relié à un système de paiements permettant sa circulation ; 3. un instrument de réserve, c'est-à-dire un instrument de placement et d'endettement pour assurer l'accumulation des créances et dettes internationales liées aux déséquilibres de balances des paiements. En l'absence d'une véritable monnaie supranationale, ces fonctions sont assurées aujourd'hui par des monnaies nationales, au premier rang desquelles le dollar. L'usage international d'une monnaie est le fait d'acteurs privés, mais également publics. Ainsi, les banques centrales font appel aux fonctions d'instrument de paiement et de réserve dans leurs interventions sur les marchés des changes.

Pour remplir ces fonctions de monnaie à usage international, trois conditions principales doivent être satisfaites. La monnaie doit être pleinement convertible, c'est-à-dire pouvoir être achetée ou vendue librement par les résidents et non-résidents du pays émetteur. Le yuan chinois, qui n'est que partiellement convertible, ne satisfait pas totalement ce critère. La deuxième condition est la taille du pays émetteur. Ainsi, un petit pays à monnaie convertible comme la Suisse ne peut créer les liquidités suffisantes pour financer les balances des paiements dans l'économie mondiale. Une troisième condition est l'existence d'un système bancaire et financier →

développé du pays émetteur. Les acteurs internationaux ont en effet besoin de pouvoir emprunter facilement la devise internationale et d'y placer leurs fonds avec des coûts de transactions faibles. De ce point de vue, le dollar et l'euro sont actuellement les principales monnaies à usage international.

D'autres critères de nature politique entrent aussi en compte, comme la puissance d'un pays. C'est ainsi que l'internationalisation de l'usage du yuan paraît inéluctable. Le fait que la monnaie chinoise ait été introduite dans le calcul des droits de tirage spéciaux (DTS) en 2016 est un premier pas. Il existe enfin un facteur d'inertie important, ce qui explique en partie l'importance encore considérable du dollar alors que le poids politique et économique des États-Unis tend à décliner.

Les DTS ont été créés en 1969 par le FMI pour compléter les réserves officielles de ses pays membres. À l'époque, certains pays avaient besoin de réserves de change supplémentaires, notamment pour défendre la valeur de leurs monnaies sur les marchés. Les DTS sont alloués aux pays membres proportionnellement à leur quote-part au FMI. Formellement, les DTS sont une ligne de crédit dont disposent les pays auprès du FMI. Ils représentent environ 2 % du montant total des réserves de change. À la suite de la crise, en août 2009, pour accroître les moyens de financement du FMI, les pays membres du G20 ont décidé d'augmenter fortement le montant global des DTS de 21,4 à 204 milliards de dollars. En tant que composante des réserves de change, les DTS sont un instrument monétaire international. Mais les DTS ne sont pas une monnaie internationale à part entière. Ils sont composés d'un panier de monnaies réévalué tous les cinq ans, constitué depuis le 1er septembre 2016 de cinq monnaies : le dollar, l'euro, la livre sterling, le yen et le yuan. Les DTS servent également d'unité de compte au FMI, dans les autres organismes internationaux. Ils sont aussi utilisés dans le commerce international et pour la dénomination de certains instruments financiers privés.

On peut opposer deux idéaux-types de régime de change. Le premier est un système de changes fixes : les monnaies sont convertibles entre elles sur la base d'un prix déterminé et fixe dans le temps[1]. Une fois fixée, la parité est maintenue par une politique adéquate de la banque centrale : si la monnaie nationale a tendance à s'apprécier, la banque centrale la rend plus abondante ou baisse ses taux d'intérêt pour rendre sa monnaie moins attractive ; si, au contraire, la monnaie tend à se déprécier, la banque centrale opère en sens inverse.

Le second régime de change est dit flexible ou flottant : le cours des monnaies entre elles varie à tout instant en fonction de l'offre et de la demande sur le marché des changes. Sauf en cas de crise, la banque centrale n'est pas tenue d'intervenir. Actuellement, le système monétaire international a comme caractéristique générale la flexibilité des changes. Dans ce cadre, la politique des banques centrales est souvent pragmatique : elles peuvent pratiquer le « flottement géré », régime de change intermédiaire entre les changes fixes et flottants. Détaillons les mutations contemporaines du SMI pour comprendre son fonctionnement actuel.

1. De l'effondrement du système de Bretton Woods à l'instabilité actuelle

Le SMI actuel est issu de l'effondrement du système de Bretton Woods (BW) négocié par les Alliés lors de l'été 1944 sous l'égide des États-Unis. Ce fut la seule expérience

1. Il y a deux façons d'exprimer le taux de change entre deux monnaies. Le taux de change au certain exprime la quantité de devises étrangères pour une unité de monnaie nationale. Le taux de change à l'incertain exprime la quantité de monnaie nationale pour une unité de devises étrangères. Par exemple, si 1 euro vaut 1,20 franc suisse, on dira qu'il s'agit de la cotation au certain de l'euro et de la cotation à l'incertain du franc suisse.

historique de SMI basé sur un accord interétatique. Il se caractérisait par les trois principes suivants :

– Un étalon de change-or

Seul le dollar est convertible en or, ce qui institutionnalise le rôle pivot de la devise américaine (elle permet de régler les soldes des balances des paiements). La convertibilité est externe : seules les banques centrales peuvent exiger la conversion en métaux des dollars détenus.

– Un système de parités fixes mais ajustables

Les banques centrales sont chargées de maintenir les taux de change vis-à-vis du dollar, avec une tolérance de variation de + ou – 1 %. Des ajustements sont possibles, mais ils doivent être décidés en commun et n'intervenir que pour corriger des déséquilibres extérieurs durables. Les pays ont la possibilité d'instaurer des contrôles de capitaux pour défendre leur monnaie.

– L'introduction de mécanismes d'aide conférés aux pays déficitaires

Une institution supranationale est créée : le Fonds monétaire international. Les ressources de l'institution sont limitées, car constituées par les contributions des États membres. En échange des liquidités obtenues, l'État membre s'engage à corriger les causes identifiées du déséquilibre des paiements extérieurs.

Mis en place en 1947, le système de Bretton Woods repose sur la disponibilité de dollars dans l'économie mondiale ; c'est son talon d'Achille. L'émission de dollars par la banque centrale américaine doit être en adéquation avec la progression des échanges internationaux. Or, les États-Unis sont en situation d'excédent commercial pendant les années 1950 (il en résulte que les dollars reviennent immanquablement vers l'économie américaine) : l'économie mondiale est alors en situation de pénurie de dollars.

À partir de la fin des années 1950, la situation s'inverse. La balance courante des États-Unis connaît une situation de déficit chronique : les dollars détenus par les créanciers des États-Unis s'accumulent en dehors des frontières américaines, notamment en Europe : ce sont les euro-dollars. Ce qui crée une situation d'excès de liquidités en dollars dans le monde, situation sans mécanisme correcteur. La seule contrainte repose sur la convertibilité des dollars en or pour les banques centrales. La suspension prévisible de celle-ci est officialisée le 15 août 1971 par le président Nixon ; cela marque la fin du système de Bretton Woods. Les deux premiers principes évoqués précédemment (étalon de change-or et parité fixe des taux de change) disparaissent.

On voit se confirmer le passage de l'étalon de change-or à l'étalon-dollar : la sortie de dollars des États-Unis augmente les réserves des banques centrales, ce qui entraîne un gonflement de la masse monétaire dans le monde [1], lequel est suivi d'un déplacement des dollars sur le marché des euro-dollars à l'extérieur des États-Unis, qui est devenu un réservoir de liquidités pour la spéculation.

Depuis, le SMI présente une configuration historique originale mais bancale : les changes ne font plus aucune référence à un étalon métallique, comme ce fut le cas pour le régime de l'étalon-or à la fin du XIXe siècle jusqu'en 1914, et il n'y a plus d'accord international pour les organiser comme dans le système de Bretton Woods. S'ouvre une période de désordre monétaire et de crises favorisés par le flottement des monnaies.

Dans un contexte de difficultés du système productif à la fin des années 1960 (voir le chapitre 3), les chocs pétroliers ont renforcé l'instabilité de l'économie réelle lors des années 1970 et 1980, entraînant des taux d'inflation à deux

1. On retrouve l'idée présentée dans le chapitre 2 : les devises possédées par les banques centrales sont l'une des contreparties de la masse monétaire.

chiffres dans de très nombreuses économies. Jusqu'en 1979, les politiques monétaires ont été accommodantes : la liquidité mondiale a ainsi gonflé, nourrissant la tendance à la financiarisation de l'économie. Un tournant se produit lorsque la politique monétaire de la Fed change radicalement en août 1979 ; celle-ci devient restrictive, les taux d'intérêt directeurs sont brusquement et fortement relevés. Immédiatement, le dollar américain s'apprécie, par exemple de plus de 80 % vis-à-vis du mark allemand. Cette situation oblige à un regain de coopération internationale à l'occasion des accords du Plaza en 1985 pour stopper l'appréciation du dollar, et des accords du Louvre en 1987 pour freiner la dépréciation de la devise américaine. La coopération internationale a été mise en berne depuis 1987. Livrés à eux-mêmes et n'étant pas naturellement auto-équilibrants, les marchés des changes se caractérisent par une instabilité chronique depuis lors.

2. *Quel régime de change adopter en situation de liberté de circulation des capitaux ?*

La question du choix du régime de change est résumée par le triangle d'incompatibilité de l'économiste américain Robert Mundell (1960) : une économie nationale ne peut combiner simultanément la fixité du taux de change de sa monnaie vis-à-vis des autres devises, la liberté de circulation internationale des capitaux et enfin l'autonomie de la politique monétaire, c'est-à-dire la capacité de faire varier les taux d'intérêt directeurs selon des objectifs internes, tels que la lutte contre l'inflation ou le soutien de l'activité[1].

1. Précisons que l'autonomie de la politique monétaire que pourrait mener le gouvernement d'un État ne doit pas être confondue avec l'indépendance de la banque centrale à l'égard de l'État.

Le triangle de Mundell est traditionnellement représenté de la façon suivante

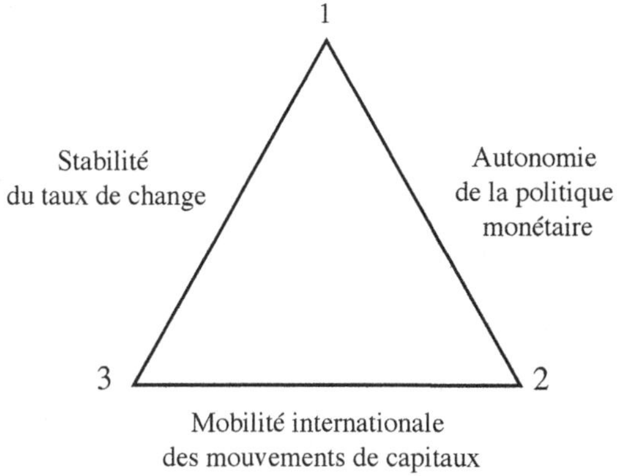

Tout régime monétaire est nécessairement situé dans ce triangle. Plus on se rapproche de l'une des arêtes du triangle, plus la condition indiquée sur cet axe est vérifiée. Le sommet noté 1 représente la situation d'une économie qui serait en autarcie financière complète (contrôle strict des mouvements de capitaux) lui permettant de concilier la stabilité du taux de change et l'autonomie de sa politique monétaire. Le sommet 2 indique une situation de pur flottement des changes (la politique monétaire de la banque centrale ne vise absolument pas à stabiliser le taux de change), permettant la libre circulation des flux de capitaux avec la conservation de l'autonomie de la politique monétaire et, enfin, le 3 indique une situation d'union monétaire ; on renonce ici à toute politique monétaire orientée vers des objectifs internes.

Il faut noter une limite importante du triangle de Mundell : celui-ci ne prend pas en compte la taille des pays. Ainsi, les petits pays n'ont pas les mêmes marges de manœuvre que les grands pays face à la contrainte extérieure et au choix de leur régime de change. Par ailleurs, il est clair qu'il existe une profonde asymétrie entre les États-Unis, émetteurs de la monnaie à usage international, et les autres pays. On peut citer à ce sujet la phrase célèbre en 1971 de John Connally, le secrétaire d'État états-unien au Trésor sous la présidence de Nixon : « Le dollar est notre monnaie, mais c'est votre problème. »

Il est possible de caractériser les différentes périodes du SMI en fonction des trois critères du triangle de Mundell. Le SMI de Bretton-Woods (1944-1971) se situe à proximité du sommet 1 du triangle, car ce SMI est fondé sur la fixité des taux de change et le recours au contrôle des capitaux, ce qui est supposé laisser une certaine autonomie à la politique monétaire, les pays ayant cependant l'obligation de corriger les déséquilibres de leurs balances des paiements.

À partir de la fin des années 1970, se mettent en place des politiques de libéralisation financière, en particulier l'abandon des contrôles de capitaux, impulsées par les autorités des États-Unis et de la Grande-Bretagne. Elles seront bientôt suivies par les économies dites émergentes, poussées dans ce mouvement par le Consensus de Washington[1] en vigueur durant les années 1990. La fin du SMI de Bretton Woods marque l'abandon du régime des changes fixes et consacre la libre circulation des capitaux. Le centre de gravité du SMI se déplace vers la base du triangle de Mundell.

Pendant les années 1990, sous l'influence de la doxa néolibérale, se développe une interprétation particulière des enseignements du théorème de Mundell : il faudrait se

1. Cette expression employée par l'économiste John Williamson en 1989 désigne l'ensemble des préceptes néolibéraux que les institutions de Washington (FMI et Banque mondiale) imposent aux pays émergents sous la forme des politiques dites d'ajustement structurel.

résoudre à adopter un régime de change avec flottement pur (sans aucune intervention de la banque centrale pour influencer la valeur externe de la monnaie, préférable pour les grandes économies) ou alors adopter un ancrage du change absolument rigide (et dans ce cas, toute la politique monétaire de la banque centrale vise à défendre ce taux de change par rapport à une devise ou un panier de devises, solution préférable pour les petites économies). Ces deux situations renvoient aux sommets 2 et 3 du triangle représenté précédemment.

Lors des années 1990, les institutions internationales encourageaient particulièrement les économies émergentes à se tourner vers les régimes monétaires permettant l'ancrage de la valeur de la monnaie sur une devise dans un contexte de libre circulation des capitaux. Grâce à ces arrangements monétaires, ces pays seraient capables d'attirer les capitaux étrangers (ayant supprimé le risque de change) et de financer le développement. Comme exemples extrêmes de ce type de régime de change, on trouve les *Currency Boards* (en vigueur en Argentine de 1991 à 2001 ou adoptés par la Bulgarie en 1997) ou même l'abandon complet de la monnaie domestique au profit d'une devise (c'est la dollarisation comme en Équateur depuis l'année 2000 ou l'euroïsation, comme au Monténégro depuis 2001). Parmi les pays développés, la création de la monnaie unique européenne, qui revient à instituer un régime de changes fixes entre les pays membres de la zone euro, vise aussi à contrecarrer l'instabilité des taux de change observés entre les pays membres de la communauté européenne tout en garantissant la libre circulation des capitaux, au prix de la mise en place d'une politique monétaire commune.

La répétition de crises monétaires et financières lors des années 1990 (Système monétaire européen en 1992,

Mexique en 1994, pays asiatiques en 1997, Russie en 1998, Brésil en 1999 ou encore Turquie et Argentine en 2001) a remis en cause cette interprétation. Toutes ces crises ont en commun d'avoir été au moins partiellement provoquées par des phénomènes de spéculation sur le change, rendant intenables les ancrages des monnaies entre elles, malgré les interventions des banques centrales (celles-ci ne disposant plus de suffisamment de réserves de change pour soutenir le prix de la monnaie domestique sur les marchés des changes ou renonçant aux engagements pris face aux conséquences sur l'économie réelle provoquées par les hausses de taux d'intérêt nécessaires pour maintenir les taux de change). Depuis, les stratégies d'ancrage strict se raréfient. Le FMI en dénombrait 47 en 2000, il n'en reste que 25 en 2014 [1]. Les pays se tournent donc plutôt vers des stratégies intermédiaires, notamment de « flottement géré ».

2. LES STRATÉGIES DE CHANGE

L'expérience historique montre que deux types de stratégies de change peuvent être mis en œuvre. Le premier consiste à utiliser le taux de change comme une arme pour améliorer la compétitivité et stimuler les exportations, ce qui peut entraîner une « guerre des monnaies ». Le second type de stratégie, fondé sur la coopération entre pays, se traduit par des accords au niveau mondial ou régional, et peut conduire à la création d'unions monétaires. Ces deux stratégies opposées vont être analysées.

1. Voir IMF, « Annual Reports on Exchange Arrangements and Exchange Restrictions », 2014

1. La guerre des monnaies

L'expression « guerre des monnaies » fait référence à l'utilisation de la politique monétaire pour maintenir sous-évaluée la valeur externe de sa monnaie, par exemple en diminuant le taux d'intérêt directeur[1]. La stratégie peut être couronnée de succès si elle n'est pas généralisée : elle provoque une hausse de l'activité domestique par l'augmentation des exportations et la réduction des importations. Cette politique a été pratiquée avec efficacité par des pays comme l'Allemagne fédérale et le Japon dans les années 1950 et 1960. Elle ne peut fonctionner que si elle est menée par un pays alors que ses partenaires n'adoptent pas simultanément la même stratégie.

D'ailleurs, Joan Robinson soulignait en 1937[2] que, si on raisonne au niveau global, une politique de soutien à l'investissement domestique va avoir un effet global positif sur l'emploi, alors qu'une amélioration du solde de la balance commerciale d'un pays se fera au détriment du solde de ses partenaires et donc de l'activité dans ces pays. Elle en concluait que, dans ce cas, au mieux, le total de l'emploi est stable. C'est l'évidence même : la guerre des monnaies ne peut élever l'emploi ni l'activité au niveau global. Certes, une dévaluation peut être justifiée, par exemple pour éviter une appréciation réelle de la monnaie en cas de hausse des salaires, mais pas pour rechercher une hausse de l'activité domestique au détriment de celle enregistrée chez le voisin. Si chaque pays pratique une politique de dévaluation compétitive ou de désinflation compétitive (en

1. Jacques Mistral, *Guerre et Paix entre les monnaies*, Fayard, 2014.

2. Joan Robinson, « Beggar-my-Neighbours Remedies for Unemployment », in *Essays of the Theory of Employment*, 1937, repris dans *Collected Economic Papers*, vol. 4, 1973.

conservant le niveau de taux de change mais en baissant les salaires pour gagner en compétitivité), cela génère les conditions de la baisse de la demande globale et nourrit les risques déflationnistes. Certains pays ont ainsi mis en œuvre des stratégies monétaires non coopératives, pour chercher à sortir rapidement de la crise. Chaque pays cherche à sauver sa peau, sans se préoccuper des conséquences pour le reste du monde. L'expression « guerre des monnaies » n'est pas exagérée. La Chine, l'Argentine, le Japon ont récemment et délibérément cherché à affaiblir leur monnaie sur le marché des changes, pour gagner artificiellement en compétitivité internationalement. Ainsi, la Chine a adopté une politique de change active : sa banque centrale est intervenue pour freiner la hausse du yuan, ce qui a conduit à une sous-évaluation de la monnaie chinoise, tout en maintenant de stricts contrôles sur les changes (le yuan n'est pas librement convertible). Toutefois, depuis 2005, les autorités chinoises ont procédé à une réévaluation de leur monnaie.

De la guerre des monnaies à la subordination de certaines à d'autres, il n'y a qu'un pas, car les liens entre l'instabilité du SMI et l'instabilité économique interne peuvent générer des conséquences dramatiques. Empêtrée dans la crise de la dette lors des années 1980, l'Argentine est exclue des marchés de capitaux internationaux. Sous l'égide du FMI, jusqu'au milieu des années 1980, les autorités mettent en œuvre plusieurs vagues de dévaluation du peso argentin pour soutenir la réalisation d'excédents commerciaux. Cette stratégie alimente une inflation galopante qui pousse les Argentins à trouver des substituts à la monnaie domestique, au point de provoquer une fuite devant la monnaie domestique au profit du dollar en 1989-1990. Le pays connaît alors l'hyperinflation et décide de renoncer à toute capacité de mener une politique monétaire et adopte un *Currency*

Board en 1991. Cet arrangement monétaire fait varier l'offre de monnaie des réserves de change, garantissant la convertibilité du peso en dollar à un taux de change absolument fixe, décourageant les exportations. Il est responsable de la plus violente crise économique vécue par le pays et doit être abandonné en 2001. En effet, en cas de sorties des capitaux de l'économie, le *Currency Board* implique que la monnaie domestique en circulation diminue d'autant : les taux d'intérêt peuvent rapidement exploser et une pénurie de monnaie s'observer à l'échelle de l'économie, provoquant une violente récession. Un régime monétaire plus souple rétabli, les taux de croissance enregistrés de 2002 à 2014 ont été forts en Argentine, grâce à une politique de change favorisant les excédents commerciaux, à des restrictions à la mobilité internationale des capitaux et au concours financier de la banque centrale argentine à l'État. Cette configuration du régime monétaire semble indéniablement préférable à celle adoptée lors des années 1990.

2. L'histoire des unions monétaires : des leçons d'une grande actualité !

L'histoire des unions monétaires est riche d'enseignements. Deux expériences – l'une a réussi, l'autre a échoué – sont éclairantes : d'un côté, le dollar et la constitution de l'État fédéral aux États-Unis, et, de l'autre, l'Union latine. Le dollar, avec le processus d'intégration politique et monétaire aux États-Unis, est sans doute l'exemple qui se rapproche le plus de la monnaie unique européenne. Après l'indépendance acquise en 1783, le Congrès de la Confédération adopte le dollar comme monnaie unique des États-Unis le 6 juillet 1785. Mais le dollar est loin de s'imposer au départ : les États de la Confédération gardent leurs différentes monnaies, dans lesquelles les banques tiennent leurs comptes. La première banque fédérale (First

Bank of United States) est créée en 1791. Celle-ci gère la trésorerie d'un État fédéral, renforcé par la création de nouvelles taxes (droits de douane et taxes sur l'alcool) destinées à payer les intérêts de la dette fédérale. Les historiens ont montré que ce rôle du dollar émis par la Banque fédérale dans le paiement des intérêts sur la dette publique désormais fédérale a été crucial pour l'unification monétaire des États-Unis. Payés en dollars fédéraux, ces versements sont suffisamment importants – la dette fédérale est le principal instrument financier du pays – pour inciter les autres banques à adopter cette unité monétaire pour leurs comptes.

Il faudra attendre 1913, soit plus de cent vingt ans, à la suite du renforcement de l'État fédéral permis par la guerre de Sécession, pour que soit mis en place un système fédéral de réserve : une banque centrale décentralisée en treize districts, dotée d'une autorité unique et reconnue à la suite de la Grande Dépression des années 1930. Le processus d'unification monétaire états-unien présente deux grandes différences avec celui de la zone euro. En premier lieu, alors que la transition vers l'euro a été très brève, l'unification monétaire états-unienne a été progressive et s'est échelonnée sur plus d'un siècle, du fait de l'hétérogénéité des États de la fédération. En second lieu, le dollar et la banque centrale fédérale n'ont pu s'imposer qu'à partir du moment où les États-Unis se sont dotés d'un État fédéral fort, en mesure de lever des taxes et d'unifier la dette publique. En d'autres termes, il ne peut y avoir d'union monétaire pérenne sans une union politique. Ce qui fait défaut à l'UEM (Union économique et monétaire).

Souvent présentée comme l'ancêtre de la zone euro, l'Union latine a été instaurée en 1865 entre la France, la Belgique, la Suisse et l'Italie. Ces pays européens s'entendent alors pour adopter une organisation monétaire commune reposant sur le bimétallisme or et argent. De nombreux pays viendront ensuite les rejoindre dont la Grèce, l'Espagne, mais aussi le Brésil et le Chili. Au total, l'Union latine s'est composée d'une trentaine d'États. Le principe de l'Union latine est relativement simple : une pièce de 10 francs en or doit avoir la même valeur qu'une pièce de 10 francs belges, de 10 francs suisses, 10 drachmes en Grèce, etc. Si chaque monnaie garde ses caractéristiques nationales (comme les inscriptions faciales), toutes les pièces en or et en argent doivent correspondre à la même valeur dans tous les pays membres de l'union. Elles sont également librement utilisables dans la zone.

Alors que l'Union latine est centrée autour de la puissance de la France, la défaite de cette dernière face à la Prusse en 1871 va porter un coup sévère au projet. D'autant que l'Allemagne et la Grande-Bretagne ne voudront jamais participer à l'Union latine. Très vite également, les finances publiques de la Grèce partent à la dérive. Les pièces en or quittent le pays, ce qui provoque des déséquilibres dans la balance des comptes extérieurs. En 1892, Athènes est mise sous tutelle. Tout semble se passer comme si l'Histoire se répétait en ce qui concerne la Grèce en ce début de XXIe siècle[1] ! La Première Guerre mondiale porte un coup fatal à l'Union latine. À partir de 1914, chaque pays émet de la monnaie sans se concerter avec ses partenaires et thésaurise le métal jaune. L'échec de l'Union latine, dissoute en 1927, est ainsi largement causé par le manque de coordination entre pays. L'absence d'intégration politique

1. Voir Éric Toussaint, « Grèce et dette. Deux siècles d'ingérence des créanciers », 1re partie, « La Grèce indépendante est née avec une dette odieuse », 12 avril 2016 ; http://cadtm.org/La-Grece-independante-est-nee-avec ; 2e partie, « Grèce : la poursuite de l'esclavage pour dette de la fin du XIXe siècle à la Seconde Guerre mondiale », 9 mai 2016 ; http://cadtm.org/Grece-La-poursuite-de-l-esclavage.

lui a été fatale, comme cela risque d'être le cas pour la zone euro.

L'une des leçons qui se dégagent de l'histoire des unions monétaires est que celles-ci ne peuvent fonctionner en l'absence de politiques budgétaires et fiscales coordonnées. Ces politiques sont en effet nécessaires pour compenser l'absence d'ajustements monétaires entre des pays membres de l'union ayant des situations économiques hétérogènes. L'union politique peut être considérée comme un prérequis pour la mise en œuvre de ces politiques communes.

3. L'expérience de l'euro

Depuis le début des années 1970, les pays européens ont tenté plusieurs arrangements monétaires afin de se protéger contre l'instabilité des parités liée au flottement généralisé des monnaies. Ce fut d'abord le « serpent monétaire européen » (1972-1978), puis le « système monétaire européen » (1979-1998), dont l'objectif était au départ, dans le cadre de la politique agricole commune, de garder une unicité des prix agricoles par l'instauration d'un régime de changes presque fixes entre les monnaies de l'espace régional européen. L'étape ultime d'intégration monétaire a été la mise en place de l'Union économique et monétaire (UEM), souvent appelée « zone euro », à partir de 1999. En ce début de XXIe siècle, l'avenir de la zone euro est incertain. L'UEM a mal résisté à la crise économique et financière qui a débuté en 2007. En 2016, la zone euro est la région du monde développé la plus déprimée, avec le taux de chômage le plus élevé. Loin de protéger ses pays membres contre l'instabilité de l'économie mondiale, l'UEM a été un facteur aggravant de la crise. Quelles sont les raisons de cette situation ?

– L'euro, une monnaie incomplète

Ce dysfonctionnement de l'UEM était prévisible. Il

provient de ce que l'euro est une monnaie incomplète, fondée sur une architecture bancale qui n'a pas résisté au premier choc important. L'euro a été édifié sur la base d'une conception erronée et réductrice de la monnaie, véhiculée par la théorie standard, malheureusement enseignée dans la plupart des universités et colportée par les médias dominants. Selon cette théorie, le rôle d'une monnaie se réduit à ses fonctions d'étalon et d'instrument, destinées à favoriser les échanges sur les marchés. La monnaie unique européenne a été définie à partir du principe « un marché, une monnaie ». Instituée par le traité de Maastricht (1992), l'UEM a été conçue comme le complément du grand marché intérieur européen, fondé quelques années plus tôt par un autre traité européen, l'Acte unique (1987). Cette conception réductrice de la monnaie reflète le biais mercantiliste et financier de la construction européenne. Or la monnaie n'est pas uniquement un instrument marchand, comme l'a montré le chapitre 1.

– *L'euro, une monnaie régionale en crise*

Les dimensions politiques et sociales sont absentes des institutions qui supportent l'UEM. Les traités ont construit une architecture institutionnelle sans gouvernement démocratique garanti par une constitution et qui fait de la Banque centrale européenne (BCE) la seule institution européenne de nature fédérale. Cela donne à cette dernière un pouvoir exorbitant, renforcé par un statut d'indépendance totale à l'égard de toute forme de contrôle démocratique. Ainsi, la BCE se pose en garante du bon fonctionnement des marchés, et non de l'intérêt général. Il en résulte une restriction des missions de la BCE. En particulier, par ses statuts, la BCE ne peut être le prêteur en dernier ressort d'aucun État, car ils lui interdisent d'acheter directement les titres de la dette publique des pays membres. La BCE émet ainsi une monnaie unique pour tous les citoyens des pays membres, mais étrangère aux États qui ne peuvent bénéficier de son soutien en période de tensions sur les marchés. Cette absence de financement des États en difficulté par la BCE a été l'une des causes de l'ampleur prise par la crise des dettes souveraines dans la zone euro. Par contraste, les États-Unis, la Grande-Bretagne et le Japon ont évité une crise des dettes souveraines, grâce aux interventions de leurs banques centrales comme prêteurs en dernier ressort, alors que leurs taux d'endettement public étaient plus élevés que dans la plupart des pays de l'Union européenne. La crise de la zone euro était prévisible du fait que la politique monétaire de la BCE entre 1999 et le début des années 2010 a été marquée par un biais anti-activité indéniable : la BCE s'est révélée prompte à relever les taux directeurs pour limiter les risques inflationnistes, mais aussi lente à adopter les mesures d'assouplissement monétaire nécessaire pour soutenir l'activité.

– L'euro, facteur de déséquilibres entre pays de la zone

Les apprentis sorciers qui ont mis en place l'UEM ont commis une deuxième erreur en considérant que la monnaie unique allait être un facteur de convergence des économies de la zone euro. Il s'est produit exactement le contraire : l'UEM a contribué à aggraver les déséquilibres macroéconomiques entre pays membres. En effet, la zone n'a pas de politique budgétaire et fiscale commune, notamment à cause de l'absence de gouvernement politique. Les ajustements monétaires entre pays ne sont plus possibles pour corriger les déséquilibres dans le contexte de la monnaie unique. Aussi, en l'absence de politiques macroéconomiques communes permettant d'opérer les ajustements nécessaires, la zone euro s'est fractionnée en deux groupes de pays : les pays exportateurs du Nord (Allemagne, Autriche, Pays-Bas) ont accumulé des excédents croissants à l'égard des pays du Sud de l'UEM (Portugal, Italie, Grèce et Espagne, lesdits PIGS). Ces derniers pays cherchent à s'ajuster par des politiques d'austérité et de déflation salariale ; avec un coût considérable pour les populations, en particulier une montée du chômage à des niveaux dramatiques, allant jusqu'à 50 % chez les jeunes.

4. Les tentatives d'intégration monétaire et financière régionale en Amérique du Sud

En ce début du XXIe siècle, d'autres régions du monde que l'Europe ont tenté de lancer des processus d'intégration monétaire régionale. L'arrivée au pouvoir d'une nouvelle classe dirigeante progressiste dans plusieurs pays d'Amérique du Sud, à partir des années 2000, a favorisé le lancement d'initiatives monétaires et financières alternatives à l'échelle régionale. Cette nouvelle architecture monétaire et financière régionale (NAMFR) repose, au départ, sur de fortes motivations politiques, mais surtout sur la volonté de se libérer de l'assistance conditionnelle des institutions financières internationales et de se détacher des asymétries du système monétaire international centré sur le dollar. Dans cette perspective, le régionalisme financier incarné par la NAMFR vise à trouver une solution régionale face à l'absence de solution globale aux contradictions du système monétaire international[1].

Sur le papier, la NAMFR est cohérente, elle repose sur deux piliers, à l'instar du système de Bretton Woods. La Banque du Sud, banque régionale de développement alternative, constitue le pilier financier. Suscitant beaucoup d'espoirs, le projet a rapidement rencontré des difficultés

1. Jean-François Ponsot et Louis-Philippe Rochon, « South America and New Financial Architecture », *Journal of Post-Keynesian Economics*, 2010, vol. 32, n° 2, p. 155-161.

de mise en œuvre, illustrant ainsi les divergences de vues et les intérêts contradictoires des protagonistes, notamment le Venezuela, l'Argentine et le Brésil.

Le plan SUCRE (*Sistema Unitario de Compensación Regional de Pagos*) est le pilier monétaire de la NAMFR. Il est entré en vigueur en janvier 2010. Il réunit huit membres de l'ALBA[1], rejoints en mars 2013 par l'Uruguay. Il s'agit d'un système de paiements régionaux réalisés à l'aide d'une unité de compte commune (appelée SUCRE) permettant de se passer du dollar dans les transactions entre les États membres[2]. Le développement des échanges régionaux n'est donc plus contraint par l'accumulation préalable ou l'emprunt international de devises. Le mécanisme s'inspire de deux schémas de paiements et de compensation bien connus : d'une part, le bancor, défendu sans succès par Keynes à la conférence de Bretton Woods ; d'autre part, l'Union européenne des paiements (UEP), qui a fonctionné en Europe entre 1950 et 1958. Malgré la simplicité et l'ingéniosité du mécanisme de coopération monétaire régionale, la portée du SUCRE demeure modeste. Contrairement au bancor et à l'UEP, le SUCRE ne réunit pas des économies en changes fixes. Par ailleurs, l'intérêt d'un tel mécanisme est limité pour un groupe de pays faiblement intégrés sur le plan commercial (les échanges intrarégionaux ne

1. L'Alliance compte actuellement onze membres : Cuba, le Venezuela, la Bolivie, le Nicaragua, la Dominique, Antigua-et-Barbuda, l'Équateur, Saint-Vincent-et-les-Grenadines, Sainte-Lucie, Saint-Christophe-et-Niévès et la Grenade (dans l'ordre d'adhésion), plus deux États membres observateurs : Haïti et le Suriname. Depuis janvier 2010, le Honduras ne fait plus partie de l'ALBA après que le congrès en a réclamé sa sortie.

2. Claude Gnos, Virginie Monvoisin et Jean-François Ponsot, « Regional Currencies and Regional Monetary Zones in Latin America : What Prospects ? », *Journal of Post-Keynesian Economics*, 2010, vol. 32, n° 2, p. 173-184.

dépassent pas 5 % du total des échanges extérieurs des pays membres).

Le projet de nouvelle architecture a été plombé par le développement des partenariats économiques et financiers avec… la Chine. La coopération monétaire régionale est passée au second plan. La Chine est devenue le premier partenaire commercial de certains pays de la région, et elle joue désormais le rôle de prêteur en dernier ressort pour les plus vulnérables d'entre eux (le Venezuela et l'Équateur, très dépendants des exportations de pétrole). La coopération chinoise a ainsi renforcé les divisions régionales et complexifié un régionalisme déjà bien éprouvé par la multiplication des initiatives velléitaires[1].

5. Le régionalisme monétaire du Sud-Est asiatique

Après la crise de 1997, les pays asiatiques ont essayé de développer la coopération monétaire et financière au niveau régional. Ainsi, l'initiative de Chiang Mai, signée en 2000 au niveau de l'ASEAN + 3[2], prévoyait l'élargissement des accords de *swaps*[3] entre banques centrales, destinés à faciliter les interventions de ces dernières pour stabiliser leurs monnaies. La coopération régionale s'est renforcée depuis la crise de 2008 et ses effets déstabilisants sur les monnaies asiatiques. La création d'un Fonds monétaire asiatique a été proposée pour faire face aux problèmes d'ajustements régionaux, et pour réduire le pouvoir du

1. Éric Berr et Jean-François Ponsot, « Coopération Sud-Sud et financement du développement : la relation Chine-Amérique du Sud face aux enjeux du développement soutenable », *Mondes en développement*, 2015, vol. 43, n° 169, p. 61-76.

2. Association des pays d'Asie du Sud-Est + Chine, Japon et Corée du Sud.

3. Accords portant sur des échanges de devises ou sur les taux entre banques centrales.

Fonds monétaire international, sous domination états-unienne. Le régime de change régional adopté est fondé sur le flottement géré des monnaies, selon des modalités différentes d'un pays à l'autre. Deux formes de coopération plus poussée ont été proposées. La création d'un DTS régional, panier de monnaies commun, comprenant le dollar, le yen et le yuan, qui pourrait servir d'ancre aux autres monnaies participant à l'accord de coopération. Un second projet, plus ambitieux, est la création de l'*Asean Currency Unit* (ACU), composée principalement du yuan, du yen et du won coréen, qui servirait à des usages publics et privés, et serait utilisée comme unité de compte dans le cadre d'un régime de changes fixes et ajustables. Un autre scénario est que la poursuite de l'intégration monétaire se réalise autour du yuan, une fois que le système financier chinois aura été consolidé et se sera internationalisé. Un bloc yuan pourrait ainsi se constituer en Asie dans le futur, la monnaie chinoise servant d'ancrage aux monnaies est-asiatiques[1].

3. À LA RECHERCHE D'UNE RÉGULATION MONÉTAIRE GLOBALE

La crise financière globale a eu le mérite de relancer les discussions pour définir un nouveau système monétaire international. On ne compte plus les ouvrages, forums, comités, groupes d'experts, travaux d'institutions internationales sur le sujet. Parmi les multiples scénarios imaginés, nous en présentons quatre dont certains sont complémentaires.

La première proposition, que nous rejetons vigoureusement, invite au retour à l'étalon-or, supposé réaliser la

1. Jacques Mazier, Pascal Petit et Dominique Plihon, *L'Économie mondiale en 2030. Ruptures et continuités*, Economica, 2013.

régulation monétaire internationale sans intervention des États. Le deuxième scénario est fondé sur une régulation publique forte et remet en cause la libre circulation des capitaux, ce qui nous semble indispensable. Le troisième scénario étend l'utilisation des droits de tirage spéciaux (DTS), qui avaient été créés pour compléter le système de Bretton Woods. Le quatrième scénario est le plus ambitieux, il vise à instaurer une monnaie mondiale, en remplacement du dollar.

1. La solution régressive : le retour à l'or

L'étalon-or est présenté comme le régime monétaire idéal par les défenseurs d'un ordre mondial libéral, dans lequel la régulation monétaire se réalise sans intervention des États. L'étalon-or a existé pendant la période 1850-1914 qui correspond à ce que les historiens considèrent comme la « première mondialisation ». L'or remplissait à l'échelle internationale les trois fonctions économiques de la monnaie : unité de compte, instrument de paiement et actif de réserve. L'étalon-or fonctionnait selon trois règles : 1. la définition des monnaies par un poids d'or, le franc conserve ainsi la même valeur de 1803 (date la création du franc germinal) à 1914, soit 322,5 milligrammes d'or fin ; 2. la libre convertibilité des monnaies en or ; et 3. la libre circulation de l'or à l'intérieur et à l'extérieur des frontières.

L'étalon-or fut introduit dans les relations internationales comme le prolongement naturel des systèmes monétaires nationaux de l'époque, fondés sur les métaux précieux (or et argent), sans qu'un accord international en officialise les fondements. Selon ses défenseurs, tels que l'économiste libéral Jacques Rueff qui prônait le retour à l'étalon-or dans les années 1960, le régime de l'étalon-or avait le mérite de remplir deux fonctions essentielles sans intervention des États :

– Le maintien des taux de change dans des bandes de fluctuation étroites. La détermination des parités pouvait se faire par le simple rapprochement des poids d'or de chaque monnaie.

– Le rééquilibrage des balances des paiements courants par les flux de capitaux. Ainsi, en cas de déficit, c'est-à-dire lorsque les dettes à l'égard des non-résidents dépassaient les créances exigibles sur l'étranger, et qu'en conséquence la monnaie nationale tendait à se déprécier, il devenait avantageux pour les créanciers étrangers d'être payés en or. Les sorties d'or étaient à l'origine d'une contraction de la masse monétaire interne. Cette contraction provoquait une baisse des prix, et par là même un rétablissement de la compétitivité des produits nationaux.

Dans la réalité, le régime de l'étalon-or n'a pas fonctionné selon le schéma idéalisé par ses défenseurs. Ses mécanismes d'ajustement ont eu des coûts économiques et sociaux importants, en obligeant les pays déficitaires à recourir à la déflation et, en particulier, à la baisse des salaires. Ce biais déflationniste a été renforcé par le fait que l'alimentation en liquidités internationales sous forme d'or dépendait non pas des besoins de l'économie mondiale, mais du hasard de la découverte de mines d'or.

Les tentatives pour rétablir l'étalon-or, qualifié de « relique barbare » par Keynes, ont été menées pendant l'entre-deux-guerres, période marquée par la Grande Dépression et une forte instabilité monétaire, mais elles ont eu des conséquences catastrophiques. Toutefois, les régimes monétaires proposés après la Seconde Guerre mondiale – le bancor de Keynes – et le régime mis en place par les accords de Bretton Woods en 1944 – l'étalon de change or – avaient maintenu la référence à l'or, d'une manière plus flexible. Depuis les accords de la Jamaïque de 1976, qui consacrent la démonétisation de l'or, toute référence à l'or est abandonnée dans le système monétaire international.

Le retour à l'étalon-or est prôné par ceux qui pensent que cela permettrait de retrouver la stabilité monétaire et l'équilibre des balances des paiements, supposés avoir caractérisé ce régime dans le passé[1]. Revenir à l'étalon-or en ce début de XXIe siècle serait en réalité une régression dangereuse, car les effets déflationnistes de ce régime monétaire se produiraient à nouveau. Pour le montrer, il suffit de voir que la zone euro fonctionne actuellement d'une manière proche de l'étalon-or. En effet, les États membres ont perdu la possibilité de financer leur dette par la création monétaire, ce qui était le cas sous le régime de l'étalon-or. Résultat : les États de la zone euro sont sous l'emprise des marchés pour se financer et sont contraints de mener des politiques restrictives qui ont conduit la zone euro au bord de la déflation et de l'implosion. Il existe une autre similitude entre le régime de l'étalon-or et celui de la zone euro. Dans le cadre de l'étalon-or, il y avait un attachement à la parité-or pour elle-même de la même manière qu'aujourd'hui existe pour les autorités de la zone euro un attachement pour le « zéro inflation » pour lui-même. Cela a conduit dans les années 1930 à une réévaluation réelle de toutes les monnaies du bloc or et par voie de conséquence à une déflation réelle de tous les coûts et donc des salaires[2]. On a le même type de situation dans la zone euro : les salaires baissent (au moins relativement à la richesse), les dettes augmentent, les acteurs économiques sont étranglés à cause d'un régime monétaire inadapté. En fin de compte, l'objectif doit être de mettre fin aux mécanismes qui rapprochent la zone euro du régime de l'étalon-or !

1. Jacques Rueff, *Le Péché monétaire de l'Occident*, Plon, 1971 ; http://www.institutcoppet.org/wp-content/uploads/2011/01/Le-péché-monétaire-de-lOccident.pdf ; Alan Greenspan, dans Ayn Rand (éd.), *Capitalisme, l'idéal inconnu*, Signet Books, traduction Dilbert, 1967.

2. Pierre-Cyrille Hautcœur, « Crise de l'euro : regard d'un historien », La finance pour tous, site pédagogique sur l'argent et la finance, mars 2012.

2. *Revenir sur la libre circulation des capitaux*

Les économies émergentes et en développement sont les plus fragiles dans le contexte de libre circulation des capitaux. Parce qu'elles offrent une rentabilité supérieure, elles attirent les capitaux, mais elles n'ont aucune prise sur les anticipations et mouvements d'humeur des acteurs de la finance internationale. Encore moins sur les effets exercés par les politiques monétaires et stratégies de change des pays dominants sur leur taux de change. Les effets pervers de l'asymétrie du système monétaire international étaient déjà présents avant la crise financière globale. Ils ont été exacerbés par celle-ci.

La politique monétaire d'assouplissement quantitatif (*quantitative easing*), engagée aux États-Unis en 2009, a inondé les marchés en liquidités. Une partie importante de ces liquidités en dollars, abondantes, sont alors allées s'investir vers ces pays dont les taux d'intérêt sont plus élevés. Un des dommages collatéraux de la politique monétaire états-unienne ultra-accommodante a donc été l'appréciation rapide et continue des taux de change de pays émergents comme le Brésil, et la perte de leur compétitivité extérieure.

Par réaction à cette guerre des monnaies, les autorités monétaires de certaines économies émergentes ont décidé de rétablir des mesures de contrôle des mouvements de capitaux pour limiter les variations excessives de leur taux de change. Par exemple, le Brésil a, dès 2009, instauré une taxe sur les entrées de capitaux pour décourager les investisseurs et spéculateurs étrangers. Ces mesures de contrôle constituent une rupture avec la vague de libéralisation des mouvements de capitaux engagée depuis plus de deux décennies. Le FMI lui-même, champion de la libéralisation financière, va défendre, « dans certaines circonstances », le rétablissement de mesures de contrôle des flux de capitaux dans les économies émergentes et en développement[1].

3. Étendre les droits de tirage spéciaux (DTS) du FMI ?

Les DTS constituent un instrument de liquidité internationale complémentaire, créé en 1969 pour parer à une éventuelle pénurie de liquidités internationales. Leur rôle a été réactivé dans le sillage de la crise globale et la remise en question du dollar comme pivot du système unipolaire. Les allocations de DTS par le FMI aux pays membres sont plutôt rares (1970-1972 : 9,3 Mds de dollars ; 1978-1981 : 12,1 Mds ; 2007-2009 : 182,6 Mds). La dernière allocation, décidée lors du G20 en 2009, a été déterminante pour approvisionner le système économique mondial en liquidités et pour compléter les réserves officielles des pays membres sur fond de crise financière mondiale.

La valeur du DTS est déterminée aujourd'hui par un panier de cinq devises (dollar, euro, livre sterling, yen et yuan). Les pondérations des monnaies du panier sont calculées sur la base de la valeur des exportations de biens et de services et du montant des réserves libellées dans chacune de ces monnaies.

Le principal avantage du DTS réside dans sa neutralité en tant qu'instrument de liquidité internationale. La fourniture de cet instrument de liquidité internationale ne dépend pas, en effet, de la situation de la balance des paiements américaine. Il fait l'objet d'une gestion mondiale. Il est déterminé et géré multilatéralement, sous l'égide du FMI.

Le recours au DTS a fait l'objet de deux propositions

1. Atish Ghosh, Jonathan Ostry *et al.*, « Managing Capital Inflows : What Tools to Use ? », avril 2011, IMF.

récentes. Le rapport Stiglitz sur « La réforme du système monétaire et financier international après la crise mondiale »[1], commandé par les Nations unies en 2009, a préconisé de relancer les DTS jugés comme « le meilleur mécanisme de la liquidité mondiale ». Le rapport envisage des émissions de DTS comprises entre 150 et 300 milliards de dollars par an. Trois principes pourraient guider l'émission des DTS. Premièrement, les émissions de DTS, indexées sur la croissance du commerce mondial, permettraient d'apporter aux pays membres le surplus annuel nécessaire de réserves de change. Deuxièmement, dans une optique contracyclique, les émissions de DTS étant plus importantes lorsque la croissance mondiale se trouve en dessous de son potentiel, des liquidités internationales supplémentaires pourraient être créées en période de crise, sous forme de prêts en DTS. Le FMI jouant de ce fait la fonction de prêteur en dernier ressort des banques centrales. C'est ainsi que le G20 de Londres, en avril 2009, a décidé d'octroyer des ressources supplémentaires au FMI à hauteur de 500 milliards de dollars, afin que l'institution de Bretton Woods puisse accroître ses prêts en DTS aux pays en difficulté face à la crise financière internationale. Troisième fonction essentielle des DTS : faciliter le financement des pays en développement, en augmentant les lignes de crédit, à des conditions avantageuses, aux pays les moins avancés.

Une seconde proposition concerne les « DTS verts » qui seraient utilisés pour abonder le Fonds vert destiné à financer l'adaptation des pays du Sud à la transition énergétique. Les contributeurs du Fonds vert seraient les 21 pays – incluant la Chine – responsables de l'essentiel

1. Joseph Stiglitz, *The Stiglitz Report : Reforming the International Monetary and Financial Systems in the Wake of the Global Crisis*, New York, The New Press, 2010.

des émissions de gaz à effet de serre[1]. Ces derniers transféreraient au Fonds vert une partie de leurs réserves de change, détenues sous forme de DTS. L'utilisation de ces ressources serait décidée par les contributeurs au Fonds vert, en toute indépendance par rapport au FMI. Les DTS seraient ainsi utilisés pour assurer les nécessaires transferts financiers Nord-Sud liés à la transition énergétique. Ce serait un moyen de contribuer à apurer une partie de la dette écologique des pays du Nord. Encore faut-il que ces derniers reconnaissent leur responsabilité historique dans le dérèglement climatique. Cette proposition n'a pas été retenue jusqu'ici…

Malgré leur intérêt, les DTS présentent des limites qui n'en font pas, pour l'instant, une solution suffisante pour résoudre le désordre monétaire international. Les DTS sont peu utilisés. Ils représentent à peine 2 % des réserves officielles. Ils ne constituent pas une véritable monnaie de paiement international. De l'aveu même du FMI : « Le DTS n'est pas une monnaie. Les avoirs en DTS doivent être convertis en devises pour être utilisés comme moyens de paiement ou instruments d'intervention sur les marchés des changes » (FMI, 2010). Les DTS ne constituent pas un étalon monétaire invariable ; leur valeur est fonction du poids et des cours des monnaies qui composent le panier. Enfin, la fourniture de liquidité internationale sous forme de DTS demeure contrainte et limitée, dans la mesure où les prêts en DTS dépendent des cotisations des pays membres du FMI.

1. Proposition faite notamment par Gaël Giraud, Alain Grandjean et Benoît Leguet ; voir Alain Grandjean et Mireille Martini, *Financer la transition énergétique*, *op. cit.*

4. Un nouveau Bretton Woods pour une monnaie supranationale ?

La crise du système monétaire international a conduit à réactiver le projet ambitieux de réforme du système monétaire international proposé par Keynes à la conférence de Bretton Woods en 1944. Le plan Keynes s'était posé en concurrent du projet états-unien qui donnait au dollar le rôle de devise clé. Keynes voulait créer une Union internationale de paiements reposant sur deux principes. Le premier était la symétrie des ajustements entre pays déficitaires et pays excédentaires : l'obligation de réduire les déséquilibres doit s'appliquer à tous les pays. Aujourd'hui, comme hier, le fardeau de l'ajustement pèse sur les pays déficitaires, ce qui a le double inconvénient d'être inéquitable et d'avoir des effets déflationnistes, l'ajustement se faisant intégralement par des politiques freinant l'activité. Le second principe du plan Keynes était de créer une nouvelle monnaie de réserve internationale, exprimée dans une unité de compte internationale (UCI), qui se serait appelée le bancor. Celui-ci aurait servi uniquement à régler les déséquilibres entre pays, et n'aurait pas été détenu par des agents privés. Les propositions de Keynes apportaient une réponse aux deux questions cruciales de l'ajustement des balances de paiement et de la création de liquidités internationales. Par ailleurs, et ce n'est pas le moins important, ces propositions auraient eu le mérite d'éviter la domination du dollar et des pays créanciers, et de jeter les bases d'un système monétaire international fondé sur la coopération et la solidarité.

De nos jours, l'application du plan Keynes à l'échelle mondiale semble peu réaliste, tout du moins à court terme. Il faudrait, tout d'abord, amener les États-Unis à abandonner le « privilège exorbitant » du dollar. Mais l'affaiblissement de l'hégémonie états-unienne et la montée en puissance des pays émergents, à commencer par la Chine, peuvent créer les conditions d'un accord international pour instituer un nouvel ordre monétaire international plus équilibré. Il conviendrait ensuite de faire accepter la stabilité des taux de change et un certain contrôle des mouvements de capitaux. Bien sûr, comme dans le plan Keynes, les parités de change pourraient être ponctuellement revues afin de corriger les équilibres extérieurs structurels des économies. On parle alors de parité fixe mais ajustable : une économie structurellement excédentaire verrait sa monnaie réévaluée, alors qu'une économie déficitaire bénéficierait d'une dévaluation lui permettant de gagner en compétitivité par ajustement du change. Nul doute que les acteurs de la finance internationale s'opposeront à cette réforme du SMI, dans la mesure où l'essentiel de leurs revenus provient précisément de la variation des taux de change et de la libre circulation des capitaux !

5. Mettre fin à la domination des marchés et à la concurrence des monnaies

Les relations monétaires internationales sont fondées aujourd'hui sur la concurrence, voire la guerre, des monnaies. Cette logique découle en premier lieu de la doxa néolibérale qui consiste à donner aux marchés et à leurs acteurs un rôle prépondérant dans le fonctionnement du système monétaire international. Mais les relations monétaires internationales sont également affectées par le déficit de coopération entre les États. Résultat : les deux fonctions principales du SMI – fixer les parités des monnaies entre elles et alimenter l'économie mondiale en liquidités – sont assurées d'une manière chaotique. Les taux de change sont instables et ne permettent pas d'assurer l'ajustement des balances des paiements dans de bonnes conditions, et la création de liquidités monétaires internationales, largement excessive ces dernières années, favorise la spéculation. La mondialisation ne peut se développer d'une manière harmonieuse que si les relations monétaires internationales sont régulées et fondées sur la coopération entre pays, à la place de la logique actuelle des marchés et de la concurrence. Ce changement implique des choix politiques clairs de la part des autorités publiques. À toutes les échelles – locale, nationale, régionale et internationale –, la monnaie est une institution politique et sociale, qui requiert une régulation publique forte, à rebours du fonctionnement actuel du SMI.

CONCLUSION

Se réapproprier la monnaie, cet objet politique

Tout le monde a un peu (plus ou moins) de monnaie dans la poche ou sur un compte bancaire et a à peu près conscience à quoi elle lui sert ou peut lui servir. Pourquoi alors appréhender sa nature, situer son origine, comprendre les mécanismes de sa création et choisir entre des options de gestion différentes semble-t-il si obscur aux yeux des citoyens ? Faut-il y voir le signe du rapport difficile que l'humain réduit à l'*Homo œconomicus* entretient avec l'argent ? Probablement. Mais l'objet de ce livre était surtout de dévoiler les mystères dont est entourée la monnaie parce que la branche dominante de la discipline de l'économie a fait en sorte que citoyens comme gouvernants croient en la neutralité de cet objet. Il faut prendre le mot « discipline » dans ses deux sens : l'économie est une branche des sciences sociales, et il faut discipliner l'économie réelle. Ici surgit la contradiction : la monnaie prétendument neutre doit être mise au service des intérêts dominants.

Dans cette conclusion, on retiendra trois idées principales du décorticage minutieux contenu dans ce livre.

LA MONNAIE EST UNE INSTITUTION SOCIALE À PART ENTIÈRE

C'est la première hypothèse dont nous sommes partis et qui nous a accompagnés tout au long de l'ouvrage, en opposition avec celle qui ne voit dans la monnaie qu'un outil de commodité résultant de la multiplication des échanges marchands. Notre hypothèse est conforme à l'enseignement de l'anthropologie et de l'histoire des sociétés. On peut discerner dans ce choix au moins trois enjeux.

Le premier enjeu est de voir dans la monnaie l'expression d'une appartenance à une collectivité humaine, un rapport social, c'est-à-dire un mode de relation des individus et des groupes entre eux et de ceux-ci avec la société dans son ensemble. Ainsi, la monnaie exprime à la fois l'appartenance et la hiérarchie ou la domination ; c'est la marque de son ambivalence, son côté pile et son côté face, qui illustre le fait que la monnaie est bien public *et* bien privé.

Le deuxième enjeu de considérer la monnaie comme une institution sociale est de souligner qu'elle ne peut exister que sous trois conditions liées entre elles : la confiance, la garantie souveraine vis-à-vis du système de paiements, l'existence d'un système productif pour qu'elle soit pouvoir d'achat présent ou futur. Si l'un de ces trois éléments vient à manquer, la monnaie s'effondre ou reste bancale.

Le troisième enjeu est de rendre évidente, sinon facile à mettre en œuvre, la nécessité pour la société, d'une part, de contrôler la monnaie, plus précisément de contrôler son émission et les institutions bancaires à qui est déléguée cette mission, au premier rang desquelles la banque centrale, et, d'autre part, de maîtriser la destination du crédit finançant les investissements au lieu de la spéculation.

LA MONNAIE EST AU CŒUR DES CRISES DU CAPITALISME

Le capitalisme est une économie chaotique, dictée par la soif de profit et la poursuite effrénée de l'accumulation, dans laquelle la monnaie joue un rôle décisif. Mais, comme l'a encore montré la crise de 2007, la gabegie de crédit, pour faciliter les restructurations du capital mondial et les multiples spéculations, a aggravé l'instabilité du système financier, pendant que de plus en plus d'activités humaines, de connaissances et de ressources étaient marchandisées.

Au début de la décennie 2000, le capitalisme néolibéral semblait triompher. Mais lorsque le ralentissement de l'efficacité du système productif à cause d'une faiblesse de la progression de la productivité du travail n'a plus été compensé par l'emballement financier et que celui-ci a fini en krach retentissant, toutes les conditions étaient réunies pour entraîner une déflation quasi générale.

Malgré la gravité de cette crise, toutes les velléités de réformes bancaires et financières sont restées lettre morte. Au contraire, les pratiques bancaires qui ont nom « hors-bilan », « banque de l'ombre », « sociétés offshore » ou « paradis fiscaux », « sociétés écrans », « titrisation », « produits dérivés », « banque universelle », etc., perdurent, voire s'amplifient dès lors que les gouvernements promettent mais font l'inverse de ce qu'ils ont promis que les institutions de régulation conservent le dogme de l'efficience des marchés, et que des universitaires continuent de l'enseigner.

LA MAÎTRISE DE LA MONNAIE EST UNE CONDITION D'UN VRAI CHANGEMENT

La croyance religieuse en l'efficience des marchés est une idéologie pour légitimer la circulation sans entraves des capitaux. C'est cette libre circulation qui avait ouvert la voie à l'ère néolibérale et à la quasi-privatisation de la monnaie. Exit la dimension de bien public de la monnaie, place seulement à sa dimension privée.

Retrouver la double face de la monnaie, c'est-à-dire refaire de celle-ci un bien public, est une condition nécessaire pour mettre un terme à la frénésie financière et à la logique de l'accumulation infinie. Mieux encore, outre le contrôle par la puissance publique de la monnaie, elle doit faire l'objet du contrôle par les citoyens et prendre alors une dimension non seulement de bien public, mais aussi de bien commun.

Cette double exigence doit s'appliquer à tous les niveaux. On a vu combien l'euro était une monnaie bancale à cause de son caractère antidémocratique et de son application aveugle à des économies avec des niveaux de développement inégal. Et les expériences de monnaies locales complémentaires, bien que limitées, montrent l'importance de la cohésion de la collectivité pour décider d'une monnaie commune.

En un mot, si l'objectif du capitalisme néolibéral était de déposséder la société de sa monnaie pour en faire sa chose (chasse) gardée, celui des mouvements sociaux alternatifs est de repolitiser au sens plein du terme la monnaie, c'est-à-dire d'en faire une institution au service de la société.

Pour aller plus loin

Aglietta Michel, et Orléan André, *La Violence de la monnaie*, Paris, PUF, 1982.

–, avec Ould Ahmed Pepita, et Ponsot Jean-François, *La Monnaie entre dettes et souveraineté*, Paris, Odile Jacob, 2016.

Alternatives économiques, « La monnaie et ses mystères », hors-série n° 105, avril 2015.

–, « Réinventer la monnaie », *Les Dossiers*, n° 6, mai 2016.

Attac, *Par ici la sortie. Cette crise qui n'en finit pas*, Paris, Les Liens qui libèrent, 2017.

Attac & Basta !, *Le Livre noir des banques*, Paris, Les Liens qui libèrent, 2015.

Avaro Maylis, et Sterdyniak Henri, « L'union bancaire : une solution à la crise ? », OFCE, 2012, http://www.ofce.sciences-po.fr/blog/?p=2234#more-2234.

Bassoni Marc, et Beitone Alain, *Monnaie. Théories et politiques*, Paris, Sirey, 1994.

Beitone Alain, et Rodrigues Christophe, *Économie monétaire. Théories et politiques*, Paris, Armand Colin, « Cursus », 2017.

Cordonnier Laurent, *L'Économie des Toambapiks. Une fable qui n'a rien d'une fiction*, Paris, Raisons d'agir, 2010.

Durand Cédric, *Le Capital fictif. Comment la finance s'approprie notre avenir*, Paris, Les Prairies ordinaires, 2014.

Friedman Milton, *Capitalisme et Liberté*, 1962, Paris, Flammarion, 2016.

Graeber David, *Dette, 5 000 ans d'histoire*, Paris, Les Liens qui libèrent, 2013.

Harribey Jean-Marie, *La Richesse, la Valeur et l'Inestimable. Fondements d'une critique socio-écologique de l'économie capitaliste*, Paris, Les Liens qui libèrent, 2013.

Idées économiques et sociales, « Monnaie et argent », n° 182, décembre 2015.

Jeffers Esther, « À quoi sert une banque centrale ? Que fait la BCE ? Que devrait-elle faire ? », *Les Possibles*, n° 6, printemps 2015, https://france.attac.org/nos-publications/les-possibles/numero-6-printemps-2015/dossier-monnaie-et-finance/article/a-quoi-sert-une-banque-centrale.

Keynes John Maynard, *Théorie générale de l'emploi, de l'intérêt et de la monnaie*, 1936, Paris, Payot, 1969.

Le Héron Edwin, *À quoi sert la Banque centrale européenne ?*, Paris, La Documentation française, 2013.

L'Économie politique, « L'argent 2.0 », n° 75, juillet 2017.

Marx Karl, *Le Capital*, Livres I, II et III, 1867, 1885, 1894, Paris, Gallimard, « Bibliothèque de la Pléiade », tomes I et II, 1965, 1968.

Mauss Marcel, « Essai sur le don. Forme et raison de l'échange dans les sociétés archaïques », 1923-1924, dans *Sociologie et Anthropologie*, 4e éd., Paris, PUF, « Quadrige », 1991.

Plihon Dominique, *Les Taux de change*, Paris, La Découverte, « Repères », 7e éd. 2017.

–, *La Monnaie et ses mécanismes*, Paris, La Découverte, « Repères », 7e éd. 2017.

Polanyi Karl, *La Grande Transformation. Aux origines politiques et économiques de notre temps*, 1944, Paris, Gallimard, 1983.

Simmel Georg, *Philosophie de l'argent*, 1900, 1907, Paris, PUF, « Quadrige », 1999.

Testart Alain, *Critique du don. Études sur la circulation non marchande,* Syllepse, 2007.

– (dir.), *Aux origines de la monnaie*, Errance, 2011.

Théret Bruno (dir.), *La Monnaie dévoilée par ses crises*, Paris, Éd. EHESS, 2007.

Tutin Christian (anthologie présentée par), *La Pensée monétaire de l'âge classique à nos jours*, Paris, Flammarion / Le Monde, « Les livres qui ont changé le monde », 2010.

Urbán Crespo Miguel, Husson Michel, Saurin Patrick, Tombazos Stavros, et Toussaint Éric, « Que faire des banques ? Des mesures immédiates pour aller vers la socialisation », mars 2016, http://cadtm.org/Que-faire-des-banques-Version-2-0.

Table

RÉALISATION : PAO ÉDITIONS DU SEUIL
IMPRESSION : NORMANDIE ROTO IMPRESSION S.A.S. À LONRAI
DÉPÔT LÉGAL : JANVIER 2018. N° 138373-3 (1801750)
IMPRIMÉ EN FRANCE